ENNEAGRAM

《我的第一本圖解九型人格》(暢銷10年紀念版)+
《九型人格的99個基本》(超值雙書裝)

我的第一本
九型人格

根部
木質
根部 **9** 樹脂
8 **1**
香料
香料 **7** **2** 葉草
3 花朵
果實
果實 **6** **4**
5 種籽
薪型

1 7 5 8 2 4 1
9 3 0 9

【推薦序－ Russ Hudson】

Paul Chan has actually done his homework—he knows not only the basics of the nine Enneagram types, but also have many years of experience in learning and teaching about the real meaning and purpose of the Enneagram. Jacqueline, Stingo, Eva and Paul have been successfully leading Enneagram study groups across East Asia and have been early pioneers in bringing these teachings to the region. I know them to all be wonderful facilitators and human beings: kind, wise, and able to explain things in a way that people can understand them. I am sure you will get great benefit from this book and from their teachings, and highly recommend their work.

Russ Hudson

Co-author of *The Wisdom of the Enneagram* and *Personality Types*
Former president of the Enneagram Institute

Paul 已經做足了功課，因為他不只是知道基礎的九種人格類型描述，而且還投入很多年的時間，學習與傳達九型人格真正的核心精神與意義。Jacqueline、Stingo、Eva 和 Paul 的共同合作，成功開啟東亞的九型人格深度學習團體，是將此教導引入此區域的先驅者。我知道他們是優秀的引導者，具有仁慈與智慧，也能用人們可以明白的方式，教導九型人格。我肯定你們能從這本書，以及他們的教導中獲益。我非常推薦他們的教導。

拉斯・赫德森

《九型人格全書》、《性格型態》共同作者
前九型人格研究中心總裁

這一次，換條不一樣的路走走看。

認識自己與搞懂他人

學習性格理論，除了搞懂自己，就是要搞懂他人。人際互動一直都是職場和日常生活中最重要的課題之一。所以有人會說，「人搞定，什麼都對了！」

先說個故事。我的孩子三歲時，愛上了一本書——《敵人派》。每天晚上睡前，都會要求我們念這本書給他聽，因此這個有趣的故事前後大概讀了超過五十次吧！

故事中的主人翁遇到一位與自己合不來的新同學小傑，將他列為頭號敵人，總是苦於尋找能消滅這位敵人的方式。爸爸決定出手相助，用獨家祕方製作一個「敵人派」，只要敵人一吃，就會迅速被徹底消滅掉。為了順利讓這位頭號敵人來吃敵人派，小男孩花了一天的時間跟小傑相處。最後，爸爸、小傑、小男孩都吃了敵人派，而小男孩的頭號敵人也真的不見了，因為他決定明天還要繼續跟小傑一起玩。

這位爸爸用一個敵人派同理孩子，讓孩子知道有敵人是人之常情，同時也告訴他，**如果要消滅敵人，必須做出一些不同與以往的行動——與敵人一起玩一天，而且要對他很好。**

成人世界的人際互動當然比這個故事複雜很多，但這提醒我們在人際互動上的一個關鍵思考點：**面對同一件事，你可以選擇各種不同的回應方式，但你是否往往只選擇同一種？**

人因共通性而彼此連結，因差異性而溝通合作

在討論九種人格樣貌時，時常會看到學員瞪大眼睛，驚訝的說，「怎麼可能有人這樣想！」

是啊！我們時常無法想像對方的想法和行動。例如，難以理解九型特質用不表達個人意見來解決問題；無法想像七型特質在面對突如其來的困境時，還能樂觀地轉移話題；很難明白為什麼二型特質會一直關注對方感受。

在學習性格理論時，有時我們反而會把自己和對方的關係推得更遠，認為「我與他如此不同，所以我們真的很難相處。」因此在課程中，我時常請大家思考幾個問題：

一、其他人格特質的可惡之處

二、我想提醒自己避免做的可惡行為

三、其他人格特質的可愛之處

四、我也想要擁有的可愛行為

當我們仔細檢視每種人格特質的行為時，會發現人與人之間其實有相當多的共通點。例如即使我不是九型人，有時也會避免發表個人意見；我不是二型人，也會被別人嫌太雞婆；我不是六型人，但很想學習他們的機警，以及凡事準備周全的態度。

學習九型人格，就像是給自己一個機會，再次搞懂自己和認識他人，幫助自己在人際互動上，找到更多新的方式。

你，不只是你想的那樣而已

　　心理學家丹・顧斯坦（Dan Goldstein）和艾瑞克・強森（Eric Johnson）有個器官捐贈研究。他們發現奧地利和德國的器官捐獻同意率差異很大，在德國，只有 12% 的人同意死後捐獻器官。但是，在奧地利，幾乎每個人（99.98%）都選擇捐獻器官。

　　令人訝異的是，造成兩國捐贈比率 87.98% 的差異，不是因為文化、宗教或教育，而是因為「**預設選項**」。

　　德國與台灣相似，沒有人是器官捐贈者，必須個人主動選擇，才能加入器官捐贈的行列；反觀鄰國奧地利，則是設定所有國民都加入器官捐贈行列，但可以輕易選擇退出。

九種人格特質，是我們的「預設選項」

　　有些人的預設選項很鮮明，看完書中描述後，便清楚知道自己屬於哪一種特質的人；有些人可能感覺幾種型號特質都很明顯。無論是前者或後者，都是很好的發現，因為理解自己的人格特質，就是認識自己的預設選項。

別把預設選項當成自己

　　預設選項會高度影響我們生活中的行為、思維、情緒等反應。例如當我們面對衝突時，通常傾向直言不諱還是息事寧人？面對問題時，通常是先看正向可能，還是預先思考可能挑戰？工作中，通常先關注人還是事？釐清自己的預設選項，我們將更容易找到自己的優勢。

　　然而，在學習人格理論時，很容易出現「我＝我的預設選項」這樣的誤解。若兩者劃上等號，便代表著失去了調整的可能性，就像在前面提到的實驗中，人們是可以隨時自主選擇是否同意器官捐贈。

　　當我們將自己與預設選項區隔開來，我們會發現九型人格是一個幫助自我觀察的平台，一方面讓我們看見自己的預設選項；另一方面讓我們在自我探索中，持續發現自己的獨特性，並且找到更多的可能性。

【導讀 3】

換條路不一定更好走，但是至少，你可以為自己做選擇。

　　某次課程休息時，我的夥伴走到學員 K 的旁邊。

　　「你覺得自己是哪一個型號的？」

　　「四型或三型吧！」

　　「哪一個是主型？」

　　K 愣了一下，然後看著她說，「四型。」

　　「為什麼來問我？」

　　「因為我覺得你很特別。」

　　「特別？我有做什麼嗎？」

　　「沒有做什麼，你在小組中就有種與眾不同的感覺。」

K微微的點頭，表情有點一言難盡。她說，「我以前一直對於『特別』這個詞感到不自在，因為我很難融入任何一個群體，無論在工作還是生活中都一樣，這讓我有種孤獨感。直到某次一個人到巴黎旅行，當我獨自走在巴黎街頭時，我才釋懷這份孤獨感，因為這也是我的獨特性。」

這是一位企業主管的分享，而這段對話讓我在內心反覆咀嚼了好多天。

維持一致，還是換一條路？

在學習九型人格的過程中，我們時常會認為要「截長補短」，看到自己的不足，進而學習改變。然而，真的一定要改變嗎？

就像K發現自己難融入團體中，她可以繼續維持這個狀態，也可以強迫自己表現得跟其他人一樣。但無論是哪一種，彷彿都有一點小缺憾。

過去十年中，我一直有種自以為是的偏見：「九型人格博大精深，透過深刻的剖析，就能發現更深刻的自己。」就像在這本書的〈Chapter 4 重生篇〉中談到每種人格的新生活，彷彿每個人都要改變才是更好的。

後來我意識到這是一種傲慢的想法。九型人格無法告訴我們如何走會更好，而是因為我們願意有所改變，才會從九型人格中找尋一些可能性。就像是故事中的K，她釋懷了自己與眾不同的孤獨感，同時，也持續願意與團體合作。

回到原本的問題，**當我看到自己的不足時，一定要改變嗎？**答案當然是不一定。但如果你願意，可以看看書中〈Chapter4 重生篇〉的描述，有沒有某些點，是你願意嘗試看看的？或者，想想看：「明天的你和今天的你若有一點不同，那會是什麼？」

希望《我的第一本九型人格》能對你的生活和生命有些幫助。

135 | Chapter 3
解密篇 Open the Door

Contents 目錄

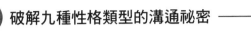

Chapter 1
啟程篇
On Your Way

Part 1

九型人格小測驗

❗ Get Ready?

如果你已經清楚自己的性格型態，可以跳過下面的測驗；如果你是第一次接觸九型人格，對個人的性格型態也完全不瞭解，建議你花幾分鐘的時間，做完下面的測驗，這會幫助你找到一個可能的性格型態，並從這個性格型態開始你的探索旅程。

Enjoy, have fun!

❗ 找到你的性格模式

下面有兩組題目，可以幫助你找到可能的性格型態。如果你是從來沒有接觸過九型人格的朋友，你可以根據測驗的結果，從可能的型態開始閱讀。

如果你不確定測驗出來的結果，或你覺得這個型態的描述與日常生活中的你有些差異，你可以閱讀與這個型相關的其他型態，如：五型的側型為四型和六型，成長與退化為八型和七型。

測驗的目的是幫助我們建立概念，讓我們能在九種性格型態中，很快的找到一個可能性。雖然測驗本身有相當的準確性，但測驗會因每個人的文化、家庭、教育背景、對文字的描述等等，產生認知的差異；也有可能因為已經習慣於某種方式思

考、感覺、行動，而沒有注意到自己的行為模式，種種因素都有可能造成測驗結果有所誤差。瞭解自己的性格型態有幾種方式：做問卷、和朋友討論、看相關書籍的類型描述，或參加九型人格課程。無論你使用哪一種方式，**請記得，最終還是要靠你的自我評斷來確認自己的性格類型，因為只有你最瞭解自己。**

當讀完自己性格型態的相關章節後，如果發現自己日常生活的反應與某個型態雷同，且認同其中大部分的描述時，你基本上就可以確定自己的主型了。找到自己的性格型態，也許會有點興奮、失落或擔憂，這都是正常的。記得要給自己多一些鼓勵和肯定，學習九型人格的過程，就是幫你用更客觀的態度看待自己，而你已經開始了這個旅程。

💬 Start from Here →

下面有三組敘述，請你針對日常生活中的狀況，花 1-2 分鐘選出一組較能代表你的描述。為求測驗的準確性，請注意下列幾點：

> · 請回顧你過去的行為，誠實作答。
> · 不用拘泥於「不像你」的文字上，無需找到 100% 符合你的描述，只要有某種程度的代表性就可以了。
> · 請不要過度分析，相信你的直覺。

A 在工作或學校場合，我是個獨立、有主見、有企圖心的人。我不喜歡閒閒無事，所以我會去訂立目標、設法執行，而且我喜歡成功完成每件事情的感覺。與人相處時，我不一定會與人衝突或有明顯的競爭，但我會盡力堅持我要的東西，或是我應得的權力。基本上，我是個樂觀的人，我的生活哲學是："Work hard, Play hard!" 努力的工作，用力的玩樂。

B 在工作或學校場合，我是一個勤奮、認真、有毅力的人。我不喜歡失信於人，或是無法達成他人期望的感覺，所以我一定會先盡力做完分內的工作後，再考慮自己的休閒。我相信一分耕耘，一分收穫，我覺得在爭取福利或報酬時，一定要先拿出表現給別人看。但有時我的努力沒有被別人認可時，也會讓我忍不住要抱怨一下。

C 在工作或學校場合，我通常比較低調，給人安靜內斂的感覺。我不喜歡與人競爭或帶領別人，所以不會主動表達自己的想法或堅持自己的意見。不過如果沒有人注意我的努力或想法，會讓我很失落，但我寧願離開也不會強烈主動爭取。生活中，我有時會設定一些小目標，但我不覺得一定要徹底完成，即使沒有達成，生活還是可以很滿足。

如果你選擇 **A**，請看圖一，繼續作答。

如果你選擇 **B**，請看圖二，繼續作答。

如果你選擇 **C**，請看圖三，繼續作答。

★ 往下作答之前，
請先閱讀下一頁的說明。

狀況：

　　想像你要參加一個活動，這個活動的參與者大都是你認識的，有可能是朋友、同事、同學或親友。當你進入活動場地時，最常有的第一個反應是什麼？

· ·

　　請盡可能地具體想像參與這種活動的心情，並依照第一組測驗結果，看相對的圖型和反應。

　　每個圖型中，各有三種不同的內心獨白或反應，請從三個反應中，選出一個比較能表達你的選項。你不一定會表達出一模一樣的話，也不一定每次都會有相同的反應，但這個選項是最接近你習慣的言行或反應的。

如果你選的是 I：你的主型很有可能是「七型」（也可以參考三型和八型）。你在團體中通常很受大家歡迎，因為你點子多，又不會死守規定，有時你不經意的冷笑話，或一些反應，都會讓氣氛變得更輕鬆。

如果你選的是 II：你的主型很有可能是「八型」（也可以參考三型和七型）。你在團體中通常扮演了主導的角色，因為你敢怒敢言，說到做到，時常不自覺的變成大家依賴的對象。

如果你選的是 III：你的主型很有可能是「三型」（也可以參考七型和八型）。你在團體中通常是個耀眼的人物。你的才華和能力，或是你有效率、成功的形象，很容易就變成大家學習模仿的對象。

如果你選的是 IV：你的主型很有可能是「一型」（也可以參考二型和六型）。你是重視秩序的人，在團體中有理性、公正的形象，大家很喜歡跟你共事，因為你不但可靠，而且有條有理。

如果你選的是 V：你的主型很有可能是「二型」（也可以參考一型和六型）。你是擅長人際關係的人，在團體中是個活潑熱心的人，大家很喜歡跟你在一起，因為你會注意到大家的需要。

如果你選的是 VI：你的主型很有可能是「六型」（也可以參考一型和二型）。 你在團體中，是個非常合群的人，你會很小心選擇你的團體，通常你會找與自己有相同觀念或喜好的團體。一旦選擇了，你對團隊有絕對的向心力。

如果你選的是 VII：你的主型很有可能是「四型」（也可以參考五型和九型）。 即使在團體中，你依然會有明顯的個人特色，通常是團體中最真性情的人，一個適合你的團體會讓你怡然自得。

如果你選的是 VIII：你的主型很有可能是「五型」（也可以參考四型和九型）。 在團體中，你通常是默默在旁觀察大家的互動。你精闢的觀點或犀利的洞察力，會帶給團體很多啟發。

如果你選的是 IX：你的主型很有可能是「九型」（也可以參考四型和五型）。 你在團體中，通常有很好的人緣，因為你平易近人、配合度高，雖然你低調安靜，大家都喜歡跟你相處或向你傾訴。

Part 2

九型人格是什麼？

❗ 是算命、是星座、還是心理測驗？

關於九型人格，這是我被問過最多的問題之一。

如果你曾 Google 過「**九型人格 (Enneagram)**」，你會發現各式各樣的解釋、簡介、網站或測驗。如果你有在玩臉書 (Facebook)，也許已經做過其中的測驗題，並從中得到「你屬於某型」的測驗結果。

這是九型人格給大多數人的印象。即使包括我自己，也曾經有過這樣的想法，我以前認為：「這不過又是另一種心理測驗罷了！」直到誤打誤撞參加了美國九型人格學院 (The Enneagram Institute) 的課程，才對這門知識有了全新的認識。

❗ 用科學佐證的古老智慧

九型人格（Enneagram）原文是希臘文——「ennea」為九，「gram」是圖形的意思，所以 Enneagram 是指「九點圖」。又因為在現代主要被拿來研究人的九種核心性格模式，所以又被稱作「九型人格」或「九大性格模式」。

九型圖應該是源自於兩千多年前的中東地區，實際起源已不可考。比較能夠肯定的是，在 1920 年前後，九型人格之父葛吉夫（Gurdjieff）將九型圖帶進西方世界。1950 年前後，來自玻利維亞的奧斯卡 ‧ 伊茲查洛（Oscar Ischazo）奠定此系統與性

▶ 九型圖

格的理論；1970 年代，智利裔的美國教授克勞帝歐・那朗荷（Claudio Naranjo）在美國教授此模式理論，這才讓九型人格廣為人知。數十年來，許許多多的學者老師們，仍不斷將此模式與科學理論印證結合，讓大家更容易理解，並更完善的瞭解九型人格理論。

九型人格深度剖析了人類九種不同的感覺、思考與行為模式；提供了一個有系統的方式，從行為、態度、內心發展與精神變化中，幫助我們觀察自己的行為，進而提升自我。

由於九型人格系統不但具有效用，而且容易活用，所以越來越受歡迎。目前已被廣泛應用到各種領域，包括：工作、教育、心理諮商、商業管理、法律、藝術、心靈成長等。**美國中央情報局 (CIA)，及各大企業，例如：蘋果（Apple）、惠普（HP）、迪士尼（Walt Disney）等跨國公司也利用九型人格來進行「溝通技巧」、「衝突管理」、「領導統御」等團隊訓練**；在藝術領域上，九型人格能夠幫助演員與編劇更瞭解各種角色的性格與行為態度；在諮商輔導上，許多心理諮商師不但利用九型人格促進與被諮詢者的關係，也能針對被諮詢者的需要，給予適當的建議。

❗ 九種性格型態一覽

每個人都有一個主型，主型性格會影響一個人的核心特質，通常這些核心特質會最符合我們日常生活中大部分的行為。

下面是針對九種性格的概述。在此把每一種性格的特點強化出來，是為了讓大

家比較容易瞭解每個型態的特徵。這裡的簡述不能完整地表現出一個性格型態的全部，只可以作為參考。在閱讀的過程中，可以問自己兩個問題：

❶ 我認為自己的性格模式是哪一型？

❷ 我是否覺得不只一種性格模式適合我？

一型人：改革者 *完美發言*

一型人是九種型態中最要求完美、最講原則，也最重視細節的人。有崇高理想的他，常讓人感到像判官一般黑白分明。

二型人：助人者

二型人是九種型態中最熱心、最渴望幫助人，也最會同情周遭事物的人。穿梭於人們各種需求中的他，就像是天使一般。

三型人：成就者

三型人是九種型態中最有效率、最能自我肯定，也最重視目標的人。為了成功達成目標，他努力的在各項任務中奔走，往往給人精力十足的形象。

四型人：自我者

四型人是九種型態中最敏感、最個人主義，也最重視美感的人。內心纖細的他，就像藝術家一般獨特又難以預測。

五型人：觀察者

五型人是九種型態中最內向、最具好奇心，也最渴望學習新知的人。沈溺於書堆或各種知識中的他，常與人保持距離，予人獨行俠的感覺。

六型人：忠誠者

六型人是九種型態中最忠誠、最有責任感，也最會分析強弱機危的人。對於身邊權力與危機的警覺，就像是如履薄冰一般的謹慎。

七型人：樂觀者

七型人是九種型態中最爽朗、最有活力，也最容易看到事情正面的人。樂於嘗試新事物的他，就像一個生活探險家，不斷發掘生活中不同的驚喜。

八型人：挑戰者

八型人是九種型態中最豪氣、最有決斷力，也最渴望掌控一切的人。願意成為領導者的他，散發著霸氣與堅強的鬥志，就像一位王者一般。

九型人：和平者

九型人是九種型態中最隨和、最會協調衝突，也最能接納各種觀點的人。企圖幫助周圍一切達成和諧狀態的他，就像一位和平使者一般。

Part 3
九型人格三中心、側型與健康程度

！腦、心、腹三大智能中心

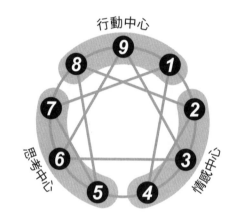

九型圖上的九組號碼，從右上角的「1」，依順時鐘方向到頂端的「9」，分別代表著九型人格中的每一種性格。這九組號碼並非隨意排序，其中隱含著許多有趣的關聯性。其中一個最基本也是最重要的──三大智能中心（The Three Centers of Intelligence），以下簡稱「三中心」，包含：思考中心、情感中心、行動中心；它對應著一個人的頭腦、心和身體，每一組智能中心皆涵蓋三種性格型態。

思考中心－五型人、六型人、七型人

思考智能中心，顧名思義是**用頭腦思考**的意思；思考中心的人，習慣用思考的方式處理所有的問題，他們通常會分析事物，或探究一件事情的真偽。

- **五型人**依賴自己的知識，面對事情時，他們會先回到自己的世界裡，把所有事物弄懂了，才願意回到事情本身。

- **六型人**面對事情時，會先分析各種狀況及可能性，並找尋一個最可靠、最安全的方案。當自己無法確認一個最好的方法時，他們會轉而依靠他人的決定或可靠的方針。

- **七型人**會快速的思考各種事情的可能性和可行性，但他們不會花太多的時間在深究單一事件，而是傾向從「做」中學習，用行動來確認思考的正確與否。

情感中心－二型人、三型人、四型人

「心」代表著一個人的**情感智能中心**。人用心去感受事物，透過心，我們感受到高興、難過、感動、傷心。情感中心的人，通常會特別注意自己或他人的感覺，確定對方是否開心，或自己是否滿意。

- **二型人**在意身邊的人是否開心、是否得到適當的照顧，他們通常花很多的時間與精力在他人身上，透過別人的滿足，他們也感到喜悅。

- **三型人**在意自己做的事情，或自己的形象，是否能得到他人的認同。當自己的情緒會影響工作時，他們會將自己的感覺放在一旁，先努力達成目標。

- **四型人**依賴自己的直覺與感受，面對事情時，他們會先回到自己的內心世界裡，確認內心想要如何回應後，才能回到事情本身。

行動中心－八型人、九型人、一型人

行動中心是以身體為中樞。人依賴身體到達某一個地方、做某一件事情，或享受一頓美食。行動中心的人，習慣透過「做事」，設法掌控整體，或掌握自己的言行舉止。

- **八型人**依賴他們身體的力量或身邊的資源，面對事情時，他們會讓別人知道自己是不容易被侵犯的，當他們感覺自己擁有控制權後，才願意回到事情本身。

- **九型人**在意別人與自己雙方面的和諧，他們透過做許多事情，希望能維持平和的狀態；當他們無法達成時，會轉而消極的抵抗，或是一股腦的把怨氣發洩出來。

- **一型人**透過實際行動，使自己的表現與所處的環境符合期望。面對事情時，他們一方面注意自己的言行舉止是否合宜，另一方面也盡力改善身邊不完美的部分。

　　關於「三大智能中心」的基本觀念是：每個人都具有這三種智能，每個人都會思考、都有感覺、也都在行動。然而，在日常生活中，我們往往誤用了這三種智能，或不自覺地將三種智能標上先後順序，排上「主要」，「次要」，和「不重要」的標籤。我們習慣使用主要的智能中心來理解、感受或回應生活中接觸到的一切訊息媒介；相對於主要中心，我們使用次要中心的頻率較少，通常是用來補足主要中心

無法達成的情況;第三中心則是我們最少使用的反應模式,或是已經忽略的一種智能。

九型人格側型　_以不同方式去表現主要性格。会很准确會讓型更清楚_

一側型會改變

每一個型左右兩側的型稱作「側型」。側型是指一個人主要性格模式之外的性格模式。**側型不會改變我們原有的性格模式,只會讓我們用不同的方式去表現出主性格模式。**就像同屬鷹科的禿鷹和的蒼鷹,雖然有許多共通點,但也有很多的相異點,如覓食方法、覓食場所、食物種類等。當我們考慮側型的特質後,會讓我們的性格模式更清楚。

一般而言,兩個側型或多或少都會影響一個人的行為和態度,但其中影響較多的側型,會是「主要側型」。有些人的主要側型特質很明顯;有些人兩種側型特質都有一點,也有些人發現自己兩種側型特質都不明顯,這都是很常見的狀況。側型有可能會隨著時間的變化而有所改變,但這改變不會是很快速的。比如,有些人發現自己學生時期的側型,與成為父母之後的側型變得不同。

性格型態的改變

九型圖由一個圓形、一個三角形及一個六邊型構成。圓圈上的九個點,代表著九種性格型態,三角形上方的頂點為九型,依順時針方向,從一型到八型,每個型

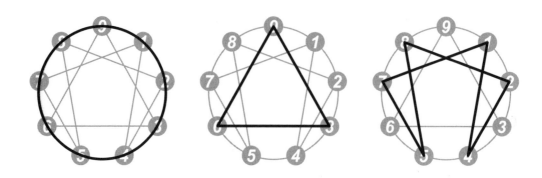

都分別有兩條線相接。

圓型代表著完全、完美；九個點之間的連結，表示每個型態之間都是彼此相關、相互影響的。九型圖指出，性格的健康與否是有跡可尋的。**當我們能夠身心放鬆，完全地接納生活中的各種事物時，我們會發現自己的行為不知不覺有所變化。**下面是每一種型態從自己的角度表達出成長後的心態：

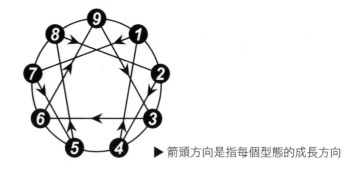

▶ 箭頭方向是指每個型態的成長方向

- **一型人**：我發現偶爾參考一下別人的觀點也不錯；雖然我不一定會採納，可是會讓我的思路更廣，可以有更宏觀的看法。（**成長方向：七型**）

- **二型人**：我現在會知道，什麼時候要照顧自己的身體和情緒。當我照顧

好自己後，會更有能力幫助其他人。（成長方向：四型）

- 三型人：我越來越享受團隊合作的感覺了；我喜歡與夥伴們相互信任、相互協助；有時當一下綠葉的感覺也是不錯的！（成長方向：六型）

- 四型人：即使我有一些情緒，我也可以按照計畫，先把該做的工作完成。當我看到自己完成的作品時，我會越來越喜歡自己。（成長方向：一型）

- 五型人：當我把所研究的知識分享給其他人時，我發現原本以為很簡陋的研究，竟然對身邊的人有所貢獻，這讓我更願意分享我的知識了。（成長方向：八型）

- 六型人：我發現當我不再一直焦慮思考著各種狀況時，我更清楚該怎麼做決定，也更能接納各種不同的意見。（成長方向：九型）

- 七型人：我發現一次只做一件事情，可以幫助我更享受當中的樂趣；而且當我專注之後，我會更有效率，可以完成更多事情。（成長方向：五型）

- 八型人：我喜歡有足夠的能力，能保護別人；但是我發現，不一定要擁有很多的資源或很強大的力量才能幫助人，只要我們「願意」，就是一個起點。（成長方向：二型）

- 九型人：當我能表達出自己的想法和感覺，完成自己要做的事情之後，事情都變得順利了；我不但能完成很多工作，別人也會欣賞我的見解。（成長方向：三型）

　　然而，當我們長時間處於壓力之下，或面對許多不如意的事情時，我們會被迫表現出一些異於自己習慣的行為和態度，下面是每一個型態在這種狀況下可能表達的方式：

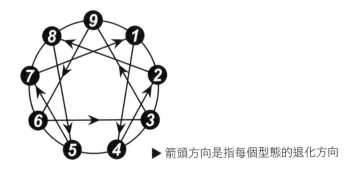

▶ 箭頭方向是指每個型態的退化方向

- **一型人**：這世界上沒有人瞭解我的苦心，我努力地把事情做好，甚至犧牲了自己的幸福，大家卻過得比我還逍遙自在。（退化方向：四型）

- **二型人**：我一定要讓朋友們知道，我是他們生命中最重要的人，只有我才會對他們那麼好，如果沒有我，他們的生活一定是一團糟。（退化方向：八型）

- **三型人**：我無論再怎麼努力，都沒有辦法得到應有的肯定，也無法證明自己的價值，我必須設法麻醉自己的感覺。（退化方向：九型）

- **四型人**：我是一個可憐的人，沒有人願意關心我，我必須設法得到別人的關心。（退化方向：二型）

- **五型人**：我已經無法承受腦中不間斷的思緒，必須找到一些發洩方式，最好是非常刺激強烈，且能忘我的方法。（退化方向：七型）

- 六型人：我完全失去了個人的方針，只要是任何能夠幫助我解決問題的人或事，我都願意相信他。（退化方向：三型）

- 七型人：我會懲罰任何阻礙我得到快樂的人。（退化方向：一型）

- 八型人：我身邊充滿了敵人，只有逃離人群，才能保住自己的安全。（退化方向：五型）

- 九型人：身邊的不和諧讓我感到焦慮，我必須設法得到安全感和安定感。（退化方向：六型）

　　九型人格的改變又稱作「**成長與退化**」，是非常重要的一個理論。這提醒每個人：**雖然人的主型性格不變，但性格本身是動態的。** 然而，成長與退化，不能與「好」與「壞」畫上等號，只是反映出每個人的生活行為和態度。過份強迫自己成長或逃避自己的退化反應，反而會對人格成長產生負面的影響。九型人格提供了一張地圖，幫助我們檢視自己在日常生活中的反應，讓我們能更自由地去選擇自己的反應。

❗ 性格健康程度 [1]

　　除了平面的變化，每一個性格型態還有本身型態的縱向變化，稱為「**性格健康程度**」。健康程度可以分析一個性格的成熟度，從「**健康**」、「**一般**」，到「**不健**

---

1. 性格健康程度（The Levels of Development）由 Don Riso 在 1977 年發表。Don Riso 是首位提出每個型態擁有不同健康程度的學者。

康」。本書對於每一個型態的描述，大多是屬於每個型態的一般程度，因為這些表現是我們日常生活中最常見到的行為和態度。

性格健康程度與人的開心和難過是沒有直接關係的。比如不健康的八型人有可能藉由惡意併購對方的公司，而感到洋洋自喜；相反的，健康的八型人，有可能為了更多人的福利，願意犧牲少數的自我利益，而感到滿足。

健康和不健康的性格型態差異在於「**自我意識**」的程度。如下圖所示，健康程度越低的人，能意識自我行為和態度的程度越低、看到的視野越狹窄，決定個人行為的自由度也就越低。

不同健康程度，會對應出不同的心理狀態：健康者能接納身邊的一切，而對個人與生活感到滿意；一般狀況者，會開始保護自己，抵抗外在的威脅，感覺「我們

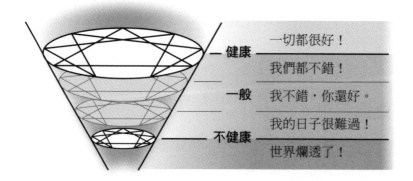

都不錯」，到「我不錯，你還好」，到「我的日子很難過」；不健康者會感到自己身受威脅，對所處的環境會感到不滿，而認為身邊的人和事都糟透了。當我們沒有注意自己的行為態度時，隨著生活中遇到的事物，通常會用「**一般**」到「**不健康**」程度的行為和態度反應。當我們越來越注意自己的行為和態度，慢慢改變自己習以為常的行為反應和情緒反應時，我們會開始往「**健康的性格**」邁進。

下面是針對三個發展程度的簡述。當我們發現自己越來越多「**不健康**」程度的特徵時，可以提醒自己，多關心一下自己的狀態，或尋求朋友和專業人士的協助。

	不健康	一般	健康
日常行為	過度反應或過度壓抑自我情緒和渴望；有時會呈現出退化的特點。	能意識一部分的自我情緒和渴望，但大部分的時候，仍會做出習慣性的反應；有時會呈現出成長後的特點。	有很強的自我意識；對於自我情緒和渴望，有足夠的能力、可以自由的選擇回應方式；有許多成長後的特點。
自我激勵能力	缺乏改變動機，時常處於一種無法被激勵的狀態；但會被負面情緒或外在威脅影響。	有時能夠自我激勵，但大都需要依靠外在刺激，如他人肯定、得到滿足。	具有很強的自我激勵、自我肯定能力。
溝通回應模式	防衛性強，用拒絕或責怪他人的方式回應，或根本不予以回應。	有時能有效的回應他人的回饋，但很多時候會過度回應或不予以回應。	用正面的方式接納他人的意見，並能夠區分有效的建議或情緒語言。

❶ 只有突破限制，才能展現力量

「我想我是綜合型的。」、「為什麼要把我們自己侷限在某個性格框框裡？」

的確，很多人對九型人格有這樣的疑惑。然而，九型人格不是要將任何人套進某一種性格型態中，只是許多學者的分析和研究發現，**人們往往不自覺地將自己侷限在某一個性格框框裡面，而九型人格系統可以幫助我們看到這個現況，並突破個人的限制。**

如果你也有上面的疑惑，是不願意讓自己被定型，或曾被身邊朋友認定屬於某一個性格型態，但卻不以為然的人，我建議你，用輕鬆的心態來看這本書，因為**除了自己之外，沒有任何人能幫你定型！**如果在閱讀的過程中，你發現對任何一個型態有共鳴，可以先閱讀關於該型態的敘述，並對照自己的行為和態度。如果沒有，那也不用擔心。重點是，在閱讀的過程中，你已經對自己及他人有了更多的認識與瞭解。

此外，很多朋友在看完後，會忍不住技癢，想要幫家人、朋友、小孩找出他們的型。這是很正常的反應，也是我們學習的方式——學以致用。但要記得尊重他人，不要強迫他們認同你的意見，他們也有可能暫時不希望知道你的想法。

我自己喜歡用的方式是：當我感覺對方有某個型態的特徵時，會先默存心中，開始多觀察他們的行為和態度。過程中，會慢慢驗證自己所學到的東西；更重要的是，當我開始理解對方的行為和態度時，我會知道該怎麼回應他，讓雙方都不會因衝突而受傷。

Chapter 2
探索篇
Find the Key

Part 1

一型人一改革者

「一個領袖必須要有一個比較理想的願景，我講的願景，就是給大家一個使命。」
——張忠謀（台積電執行長）

理想、原則和使命感是一型人生活的動力。他們大處著眼，小事著手。一方面，他們時時抱著遠大的願景，朝著理想的目標前進；另一方面，他們腳踏實地的做好眼前每一件事情。他們享受把事情做到最好的感覺；他們深信，只要一切都能打理得一絲不苟，他們就不會被糾正或責罵；因為，完美是零缺點。

	不健康的一型人	一般的一型人	健康的一型人
特點	・僵化固執 ・暴躁易怒 ・心胸狹隘 ・不能寬恕自己和他人 ・利用批判別人來表達自己的意見	・有主見、行動力 ・重規矩、守秩序 ・做事有條理 ・努力導正錯誤的事情 ・容易批評他人 ・對生活的狀況有所不滿	・輕鬆幽默 ・積極進取 ・具高度的覺察力 ・懷有崇高的道德觀 ・能接納不同的建議和看法 ・具有高度的耐心

一型人代表——
郭正人／43歲，專案經理

　　在半導體公司擔任專案經理的正人，一直是公司非常倚重的部門經理之一，即使幾次組織內部改組，都完全沒有影響到他的部門。全公司一致公認正人是個頭腦清晰、做事膽大心細的優秀經理。

　　小玲是正人的秘書，她跟正人共事已經五年了，正人對她讚不絕口，頻頻說她是難得可靠的人才。小玲也表達了她對正人的感覺：「我很佩服郭經理，即使再複雜的事情，他都能很快找到重點，並且有效的安排工作。他負責的案子，一定是按時完成。我覺得這個團隊有他帶領，實在是再好不過了。」

　　研發部門經理 Gordon 點點頭認同小玲：「我喜歡跟正人一起開會，開會前他一定會把所有資料準備齊全，按照條列式的發給大家；會議中，他通常都能一針見血的指出問題點；如果有新的工作，他也一定會設定完成時間和日程安排，讓設定的目標能準確實現。」

　　聽到同事們如此誇獎他，正人只是露出淡淡的微笑，仍然維持他一貫冷靜專注的神情，「我喜歡做事有計畫、有安排，如果一開始把事情規劃得很嚴謹，然後按部就班依照每個步驟實施，這樣結果和預期就不會有太大的差異，我也不需要太過於操心。我最怕的就是亂無章法和意外的『驚喜』，混亂的狀況會讓我不知道該如何做事，意外的驚喜每每會讓我產生一股無名火。」

　　當然，正人不免仍有一些不一樣的評價，小玲就說：「我剛進公司的時候，其實很怕郭經理，他做事『非常』的嚴謹。我講『非常』，是因為我覺得他真

的很……龜毛！當時我心想，怎麼跟一個那麼機車的人共事，從會議流程、資料歸檔方式、文案格式，到文字錯誤和桌面整理，他都有一定的標準……。當然，後來就發現了他的好囉！所以才會一直做到現在。」

「我清楚自己要求很高，很多人也會覺得我吹毛求疵。只是我認為每個人都應該要為自己負責，如果小地方都做不好，大事情就不用談了。當我對其他人有所要求時，我一定是已經達到這個標準，甚至更好。我對自己的要求一定是比對別人更高的。也許別人不會認同我的作法，可是他們也不會認為我的作法有失公允，通常時間久了，他們就會發現其中的好處。就是因為我能堅持自己的原則，所以才能有這樣的表現。」

你認出來了嗎？正人是一型人。

🗨 一型人引以為傲的特質

一型人喜歡事情能依照正確、正當的方式運行，**對他們來說，最開心的事莫過於，所有的事物都遵照他們的理想邁進。**一型人喜歡在一個有秩序、重規則的地方工作；也喜歡將他們的環境改變成一個井然有序的地方。因此他們會是守時的員工、有條理的規劃者、注意細節的秘書。低度自我意識的一型人，會不自覺地用批評的方式，糾正別人的錯誤；較健康的一型人願意聆聽他人的想法，接受生活中的不完美，達到真正的美好。**令一型人自身引以為傲的特質有：**

- 能常懷著生命中最重要的人生態度－責任感。

- 無論做人或做事，我都秉持著自己個人的原則；這個原則讓我不會迷失自己、隨波逐流。

- 有一個客觀冷靜的頭腦，讓我隨時都能用公平公正的態度看事情。

- 有著不懼怕強權，向權威挑戰的勇氣，為了心中的正義而奮戰。

- 能以身作則，嚴以律己，不斷的精益求精。

▶ 一型人相信凡事有一個絕對正確的準則或真理，只有依循這個準則，所有事情才能完美無缺。對一型人而言，準則是不可違背的，因為這是他們做人做事的圭臬，也是改變世界的唯一途徑。

❗ 典型的一型人想法

　　一型人是典型的改革者，他們會注意生活中任何不夠完美的事物，並且懷著高度的使命感，努力改善這些不好的事物。一型人就像是一位優秀的老師，不惜犧牲自己的時間、金錢或體力，苦口婆心的教導別人，讓他人瞭解正確的事物和應遵循的準則。一型人凡事先以身作則，不期待別人有所回饋，只希望身旁的人能體會他們的用心，並且遵守他們的教導。**典型的一型人想法有：**

- 一件事情如果能做到 **100** 分，我不會以 **99** 分為目標，而且希望能做到 **101** 分。

- 「道德標準」和「自我原則」是絕對不能妥協的，這是我做任何事情的最低底線。

- 看到不正義的事，會讓我怒火中燒，但我會盡力克制我的情緒，不讓這些負面情緒表現出來。

- 「船的力量在帆槳，人的力量在理想。」即使周圍的人不能理解我做的事情，我還是會不斷堅持，因為我很清楚這是為了全體更長遠的益處。

1.2米就是我的標準成績，只要跳過去就沒問題了！

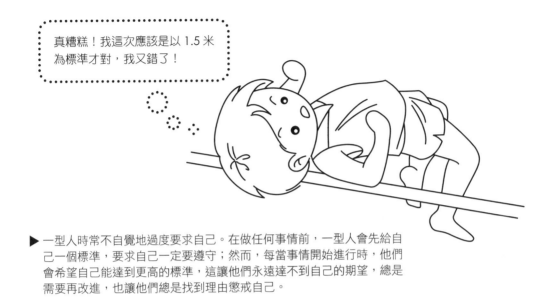

真糟糕！我這次應該是以 1.5 米為標準才對，我又錯了！

▶ 一型人時常不自覺地過度要求自己。在做任何事情前，一型人會先給自己一個標準，要求自己一定要遵守；然而，每當事情開始進行時，他們會希望自己能達到更高的標準，這讓他們永遠達不到自己的期望，總是需要再改進，也讓他們總是找到理由懲戒自己。

一型人難以告人的難處

　　許多人會形容一型人是完美主義者，也會批評他們雞蛋裡挑骨頭、不懂得正面樂觀的思考，以及不會讚美別人的優點。然而，「一型人追求完美」其實是個誤解，他們只是努力做到更好罷了！許多一型人都說：「我從來都不想要完美，因為根本不可能達到完美。我只知道，**『好還可以更好』**，所以我不斷地改進和進步。」一型人為了要改進和進步，所以會專注在人事物的缺點上，希望靠著自己的一點力量，慢慢把錯誤的觀念或事物改正，達到自己的理想和目標。**一型人難以告人的難處是：**

- 很多人覺得我很喜歡把事情攬上身，其實我是沒有辦法找到一個可靠的人，能把事情處理好。

- 有人會覺得我很挑剔、愛批評人，我其實是希望對方能更好、更優秀，我才會用自己的標準要求對方。

- 朋友說我做事和做人都一板一眼的，不夠圓滑，其實只要大家都能依著相同的標準做事，我也很願意柔軟一些。

- 每當我在工作時，我的頭腦會不由自主的評論自己的表現：「我是否有按照規定？」、「我有沒有表達清楚自己的想法？」、「我會不會太嚴格了？」這些聲音，讓我很難放鬆，很難用愉快的態度做事情。

▶ 一型人對於錯誤的事情特別敏感，當他們發現一個錯誤時，時常就把注意力都放在錯誤的事件上面。一型人通常不喜歡容忍錯誤的存在，所以他們會以身作則，把錯誤改正，並教導其他人這個正確的方式。

❗ 一型人不喜歡做這些事……

　　由於一型人的專注力通常放在待改進的部分，他們可以講出許多不喜歡的事情，比如他們不喜歡沒有制度的公司，不喜歡沒有責任感的人，不喜歡沒有條理的做事態度……。簡而言之，**一型人不喜歡任何與他們標準相違背的事情**。然而，一型人不一定會直接表達出他們的不滿，他們會努力壓抑自己憤怒的情緒，設法用理性的方式反應他們的感覺，我們可從一型人的肢體語言或言語上感覺到他們的情緒，比如他們會直眉瞪眼地告訴別人說：「沒關係，我沒有不高興！」或神情嚴肅、身體緊繃地來回踱步卻一言不發。**一型人不喜歡做的事有：**

- 告訴自己：「偶爾遲到個二十分鐘是情有可原的。」
- 負責一個出遊活動，秉持著船到橋頭自然直的心態籌劃，不先預訂房間和規劃行程。
- 拿回一份修正過的文件或稿子後，不重新檢查一次，心想：「這次一定會沒問題的。」
- 放下手邊的任務，請代理人處理未完成的工作，與家人朋友準備去夏威夷度假。
- 在主管或客戶面前，不顧形象的大口吃肉、大聲喝湯。

❗ 一型人的職業

　　一型人做事有效率、有條理，而且鉅細靡遺，對於時間管理也是極度重視。無

論一型人從事任何工作，有兩個特點：**他們會盡力做到他們的專業，及秉持他們的職業操守。**有些一型人會從事像科學、管理、會計、法律領域的工作。一方面這些工作需要這樣的工作態度與能力；另一方面，這樣的工作環境也比較符合他們的期待。**有些一型人會傾向跟人接觸的工作，**如教育、醫療保健、宗教……，在這些工作中，一型人可以將他們的理念傳達給他人，或藉由工作，讓社會更好。

　　由於一型人的求好心切，過於繁瑣的工作可能會帶給他們很大的壓力。一型人要記得給自己的身體與心理適時的放鬆。

❗ 一型人的休閒

　　許多一型人認為有太多的責任和使命等著他們完成，因此會認為自己不需要休閒的時間，甚至會認為「休閒是一件很辛苦的工作」，因為知道身體需要一些休息，所以只好強迫自己做一些休閒活動。

　　一型人即使在休閒時，也不喜歡花費太多時間享樂，或是漫無目的的玩樂，他們會做適度的安排，結合娛樂和工作，讓自己的休閒生活也能對社會有所貢獻。因此許多一型人會利用休閒時間參加社會服務團體，如扶輪社、社區委員會，或出沒於各類宗教服務團體。

　　這不代表一型人不喜歡出外踏青、旅行，或聽聽演唱會之類的休閒活動，他們也是需要讓自己辛勞的身體和心靈做適當的休息。

Part 2

二型人－助人者

「今天你所做的事，到了明天可能已被忘懷，儘管如此，你還是要以助人為樂。」

—德雷莎修女

深刻的情感和彼此的關心是二型人做事的動力，二型人渴望被愛，也樂於付出，他們可以為了幫助別人，犧牲自己的時間和體力，因為二型人相信：「只要我努力的幫助人，讓身旁的人感受到愛，別人也會愛我。」忙碌於身邊朋友的各種需求中，讓二型人常常沒有時間照顧好自己，或忽略自己內心負面的感受。

	不健康的二型人	一般的二型人	健康的二型人
特點	· 阿順取容 · 先入為主 · 蠻橫霸道 · 利用人的罪惡感或羞愧感，操控人際關係 · 只注意自己想要和需要的事情	· 善於觀察他人的需要並給予幫助 · 熱情且溫暖，但有時過度迎合他人 · 難以拒絕他人的請求 · 樂於助人，但有時會忽略對方真正的需要	· 溫柔、慷慨、謙遜、友善、熱情 · 對人寬容大方 · 愛己愛人 · 無條件的付出 · 樂於服務他人，且不求回報 · 尊重每個人的需要

二型人代表──

小愛／ 38 歲，國際帳戶專員

　　小愛是一家美商公司的高級國際帳戶專員。小愛 22 歲就進入這家公司，從基層的客服人員做起，中間轉換過幾個不同的職位，但一直都在處理客戶服務的工作。小愛豐富的經驗和熱忱的個性，不但讓她獲得國際客戶和公司同事的讚賞，也讓她在公司內成為同事們的人際辭典。

　　很多人好奇這間公司到底有什麼魔力，讓小愛在這裡一做就是十六年。「我最喜歡我們公司的『一家一菜』文化，每個月，部門都會有一次這樣的聚餐，因為我們公司同事都是來自各個不同國家，每次都能吃到各地不同的特色菜，而且我也有機會一展身手，順便好好介紹一下台灣，讓他們知道這個小小的寶島蘊藏著豐富的文化。看到同事們滿足的表情，就是我最大的快樂，在這裡大家真的就像一家人一樣。」小愛的回答雖然並不太令人意外，但也讓大家拍手叫好。

　　緯明是小愛共事十年的同事，他說：「有一次樂透上看六億，幾個同事們興奮的合購，希望中獎機率高一點，開獎當天，同事們都在起鬨討論如果中獎了要怎麼處理這筆錢。」

　　「我一定會馬上離職，來個環遊世界……，不過我會提前兩個禮拜通知的啦！」看到主管站在旁邊，緯明馬上吐吐舌頭補上一句話。

　　「我會請假，好好的血拼一番。可是我不會辭職，因為我應該很快就把錢花完了，還是要有一份固定收入。」小珍邊回著 Email 邊回答。

　　小愛在旁邊聽了半天才說：「我會把房貸先還掉，把家裡好好裝潢一下，再帶我兒子出國玩一趟，但我也不會離職。」看到大家好奇的表情，小愛繼續說，「我喜歡我的工作、喜歡服務我的客戶，我跟他們有感情了。我覺得我的工作就是在幫他們處理問題，如果我走了，他們怎麼辦？」

　　小愛的個性就像她解釋不會辭職的原因，她總是把別人的需求擺在第一位，這是小愛獲得好人緣的原因之一，但這有時也造成了部門主管的困擾。

　　「小愛是一位很棒的員工，她的服務態度幫助了公司的企業形象，讓許多客戶都讚賞我們以客為尊的精神；但有時小愛會忽略了公司的制度原則，比如小愛會為某些客戶製作特殊的報表，當這些特殊需求增加時，就會影響到小愛本身的工作進度，也會增加部門的營運成本。」

　　你認出來了嗎？小愛是二型人。

❗二型人引以為傲的特質

　　二型人是相當熱情友善的人，他們身上時常散發著溫暖的氣息，希望能溫暖身邊所有的人，讓這個世界更美好、更有人情味。二型人的滿足感，與身邊的朋友有著奇妙的關聯性，二型人認為自己不需要依賴他人得到滿足。然而，**二型人的滿足卻大都來自於別人對他們的依賴**。我們會發現二型人的喜悅往往脫離不了「人」，二型人喜歡認識新朋友；喜歡將家中佈置成溫馨小窩，邀請好友們來相聚；喜歡注意身邊朋友的需要，也喜歡感覺被他人需要，無論是餓、是冷、是開心、是難過，

他們都希望第一個知道，並且適時給予支援；喜歡看到朋友獲得幫助後滿足的表情。

當二型人能意識到自己的需要，接受自己需要依賴別人的照顧，他們會越來越感受到身為二型人的美好。**令二型人自身引以為傲的特質有：**

- 時時都對身旁的朋友保持真誠的關懷和一顆溫暖的心。
- 對於身邊朋友的感覺和需求很敏銳，知道他們什麼時候需要我的幫忙，通常我在朋友提出請求前，便早已向他們提供協助了。
- 總是保持著樂於助人的態度，努力幫助他人活得更好，更有力量面對生活的挑戰。
- 有廣大的人際關係網，因為我喜歡認識新朋友，也很容易交朋友。
- 可以幫身邊的朋友感受到生命的溫暖。

這是我的生活態度。

我為人人

人人為我

▶ 二型人內心深深相信「安危互仗，甘苦共嚐」的精神。如果為了幫助別人，即使需要犧牲一些個人的利益也是在所不惜。我們會看到二型人拼命對他人付出愛心，卻忽略了自己基本的需求，甚至拒絕別人的幫助與關心。二型人覺得要接受別人的幫助和肯定會顯得自己自私，所以刻意隱藏自己需要別人回饋的願望，也告訴自己不需要別人回饋。

❗ 典型的二型人想法

二型人是典型的助人者，**他們渴望幫助別人，也喜歡被別人需要的感覺**。生活中，二型人不斷地觀察身邊朋友的需要，並且給予協助。一位在大學任職的二型人分享：「我除了本身工作外，同時擔任了數個學生社團的諮詢顧問，讓我願意額外投入那麼多時間和精力的原因，是因為我知道學生需要我，我能分享自己的經驗給他們，也能幫助他們更成熟。」

二型人相當在意他人的看法和態度，希望給他人看到的是謙遜有禮、大公無私、樂善好施的形象。二型人認為這些無我的形象讓朋友們喜歡跟他們相處，因此二型人會想盡辦法去滿足任何他喜歡的人。**典型的二型人想法有：**

- 身邊有太多的人面臨困境，所以我必須主動幫助這些人，給予他們實際的支持。

- 我願意為朋友赴湯蹈火，因為我希望能讓他們知道，我是非常重視他們的。

- 我覺得「愛人與被愛是生命中最重要的事」。

- 我相信「施比受更有福」，如果我能服務越多人，就表示我擁有的越多。

- 雖然我不知道朋友們對我的看法，但我真心的希望他們會喜歡我，因為我非常在意每一段友誼。

- 我會不吝惜給予員工鼓勵和讚賞，因為我深信鼓勵和讚賞是最能激發每一個人內在潛力的方式。

▶ 二型人不害怕別人提出需要，甚至喜歡別人向他們提出需求，因為他們喜歡瞭解身邊的人。對二型人而言，別人的回饋是讓他們更深入瞭解對方的機會。

❗ 二型人難以告人的難處

　　雖然二型人凡事都為別人著想，也努力成為一位人見人愛的人，但他們仍會被他人批評，像是太過雞婆、好心做壞事、過度討好別人或不夠理性等。因為二型人認為必須要先滿足對方，自己才能夠得到妥善的照顧，所以二型人會忽略自己的疲累、飢餓和外在的規範，甚至忽略對方實際的需要，只為了完成「**幫助對方**」的工作。

二型人的內心潛藏著一顆驕傲的心，他們認為自己比別人更好，所以能幫助別人；也覺得別人總是需要他們的幫助，因此二型人不容易表達自己的渴望。對二型人而言，需要別人的幫助是自私的，要說出自己的需要更是羞愧至極的一件事。想像一對母子在吃晚餐，母親深怕如果她多吃了一塊肉，兒子就會吃不飽，所以即使自己肚子飢腸轆轆，還是會告訴兒子：「我不餓」。二型人難以告人的難處是：

- 我很在意朋友對我的態度，很容易因為朋友的一個小動作而感到難過或沮喪，比如對方婉拒我的協助、在公司見到面卻不和我打招呼⋯⋯。

- 太多朋友需要我的幫助，所以我只好少吃一點、少睡一點、少玩一點⋯⋯，這樣才能幫助到所有的人。

- 我不太會做自己真正喜歡的事情，或滿足自己的需求，因為我覺得這是很自私的行為，而我不喜歡成為一個自私的人。

- 我認為法律不外乎人情。做任何事情，我一定會先顧慮到他人的感受，但這有時也會影響到整體作業的時效性。

- 為了要體諒他人，以及讓他人感覺到我的善意，我時常要壓抑自己真實的感覺。

❗ 二型人不喜歡做這些事⋯⋯

人際關係是二型人的生活重心，他們會透過日常生活問候、吃飯聚會、分享生活瑣事等方式，與別人建立關係。二型人喜歡讓對方依賴自己，但是如果對方只是依賴而不表示感謝，他們會感到不滿，並覺得自己總是在迎合對方。對於二型人而

言，他們尋求的是愛和友情，如果自己的好意沒有得到感謝時，他們會覺得自己多管閒事，因而由愛轉怒，甚至由愛生恨。當二型人轉變他們和藹友善的態度時，大概就是他們感到受傷的時候。**二型人不喜歡做的事有：**

- 整個禮拜都沒有跟同事們打招呼或噓寒問暖。
- 跟同事討論一個專案時，完全就事論事，不講任何的私事或分享最近生活。
- 跟朋友一起做事，看到他們需要協助，卻假裝不會或是不知道他們的需要。
- 接受了朋友的幫助後，不想加倍的回報他們。
- 做一份獨立作業、不需要跟任何人接觸的工作。
- 被別人讚美時，坦然的接受且告訴自己：「我是值得的」，不會感到彆扭、不自在。

🗨 二型人的職業

二型人對於人的需求特別敏銳，因此**很多二型人通常喜歡做與人直接接觸的工作，如醫護人員、客服專員、人力資源主管、培訓師、心理諮詢師、業務……**。一方面，這些工作能讓二型人有機會發揮自己的長才，又能表達對人的關懷；另一方面，人們也常會對於這些工作者表達感激，滿足二型人的需要。

二型人較不喜歡重規範、缺少人情味的工作或工作環境，如研究分析員、會計師、企業主管……。嚴格來說，任何工作一定或多或少是與人相關的，因此，成熟

的二型人能在他們的工作中找到滿足。有些二型人會選擇在工作之餘，參與各種義工團體，或將他們的注意力放在家人身上。

❗ 二型人的休閒

　　二型人喜歡跟家人和朋友有很多的互動，因此他們會花很多時間跟家人和朋友出遊，或舉辦聚會活動，邀請親朋好友們來自己家中。二型的父母親會非常重視與孩子之間的交談與親子時間，二型人渴望讓孩子時時都感受到自己對他們的關心和愛護。

　　許多二型人喜歡在他們的休閒時間參加服務性組織，如扶輪社、慈濟、紅十字會、普世博愛會……，他們在服務的過程中，藉由外在刺激，幫助自己檢視內在的感受；藉由別人的回饋，重新瞭解自己內心的需求。

Note

Part 3

三型人－成就者

「我去好萊塢十年拍了五部電影，成不成功，我卻不敢說，不敢說沒有什麼壓力，
但是，『I take my best, I have no regrets！』……心平常，自非凡。」

——周潤發（名演員）

「發揮自我潛能、成為他人模範、證明個人價值」，是三型人不斷向前邁進的動機。他們渴望能夠時時呈現自己的最好面，並且成為他人的目光焦點；他們努力找尋優良模範，希望藉由學習和模仿，成為優秀的人。美好的外在形象滿足了三型人的需要，也讓他們不用面對真實自我的不足。

	不健康的三型人	一般的三型人	健康的三型人
特點	· 過度競爭 · 自私、投機 · 過度依賴外在成就與名聲 · 為達目的，不擇手段 · 深信自己是「塑造出來的外在形象」	· 有效能、重效率 · 只專注於與工作相關的事情或人際關係上 · 熱愛競爭，好勝心強 · 處事圓滑、適應力強 · 重視外在形象，設法隱藏不好的形象 · 忽略內心真實的情緒感受	· 有高度自信 · 有效率、有效能 · 能自我激勵 · 剛柔並濟 · 瞭解團隊的精神，樂於分享榮耀 · 努力自我實現

三型人代表一

達揚／35 歲，法國企業副總經理

　　35 歲的達揚是某法國企業的副總經理，他大學畢業後，進入這家公司做專案助理。兩年後，因為態度積極、處事圓融、績效優良，得到公司補助到美國攻取碩士學位。短短十年的時間，已成為亞太區的副總經理，掌管泛亞區域業務。

　　達揚在公司年會上分享：「我的信念是，只要把手上的工作做好，別人就更能瞭解自己的實力，就能有更多更好的機會。」

　　「我把每一個案子都當作是一次專案競賽，我會從客戶角度、主管角度和公司角度思考，並且藉由不同的工具，讓大家都能瞭解每一個方案對自己的優點和缺點，進而達到雙贏的結果。我不只跟同事比，還要跟自己比，我會在每一項工作中，提升自己的『專業度』，並讓主管和客戶看到我的專業。」達揚說起話來，非常有感染力，炯炯有神的雙眼和不疾不徐的說話方式，讓大家都見識到他個人的專業形象。

　　達揚的秘書－慈恩說：「我不得不佩服副總，副總的頭腦就像一部電腦，只要是和工作相關的事情，無論他再累，馬上就能重新開機，開始運作。」

　　亞太區總裁夏米爾說：「我認識達揚將近十年的時間，他是我見過最有執行力的員工之一，無論再困難、再緊急的任務，我從來沒有聽他抱怨過，事情在他的手上，everything is possible ！」

　　「我唯一看過達揚比較掙扎的是在剛擔任主管的時候，在培養團隊合作意

識上，他下了很大的工夫。這不是說他沒有團隊合作意識，只是他能力太強，個人魅力時常會蓋過團隊，有時會讓團隊力量無法展現出來。」

「的確，我很感謝夏米爾時常提醒我，讓我能夠不斷成長進步。我時常告訴自己：『成功就是我存在的價值』，以前我會用相同的標準要求團隊，因而忽略了每一個人不同的特質。但我有很強的學習能力和適應力，只要是能夠幫助團隊的事情，我都願意改變，這也是我的長處，不是嗎？」達揚露出一貫自信的微笑。

你認出來了嗎？達揚是三型人。

❗ 三型人引以為傲的特質

三型人喜歡被他人肯定和認同。當然，每個人都喜歡被肯定和認同，但三型人是**以此作為自己的核心價值和生活目標**。因此三型人通常擁有積極的生活態度，以及很強的學習能力和做事能力，他們認為負面的情緒會阻礙成功，所以他們不會讓自己沈溺在沮喪的情緒裡；他們會記得成功的經驗，並且不斷地改變自己，以克服阻力。較不健康的三型人，依賴外在成就來滿足他們，如金錢或名聲；較健康的三型人，依然能夠獲得許多成就，也會從中得到滿足，但他們知道自己的價值更勝於這些外在成就，而滿足是因為自我的價值被肯定了。**令三型人自身引以為傲的特質有：**

· **有高度的上進心，做事精益求精，越挫越勇。**

- 為人公私分明，即使生活中遇到困境，仍能很快的重新打起精神，不讓情緒影響自己面對下一個挑戰。
- 瞭解自己和他人的長處，能夠截長補短，並將每一個人的優點發揮到淋漓盡致。
- 有很強的適應力，能夠隨著外在環境變化而改變，時時保持競爭力。
- 有能力滿足家人的需要，不但能給予家人最好的物質需求，也讓家人以自己為榮。
- 總是成為團體中最活躍、最引人注目的一人。

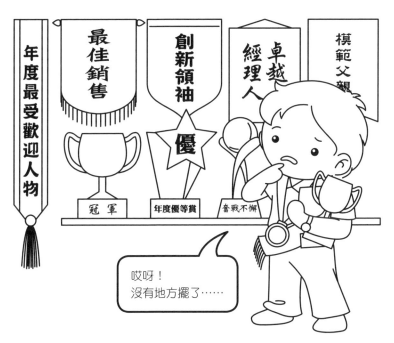

年度最受歡迎人物

最佳銷售

創新領袖　優

卓越經理人

模範父親

冠軍

年度優等賞

奮戰不懈

哎呀！
沒有地方擺了……

▶ 三型人有很強的內趨力，他們會努力扮演好自己應該扮演的角色，做好所有本分內的工作。三型人希望自己可以成為別人學習的模範，也能得到別人給予的掌聲和肯定。

❗ 典型的三型人想法

　　Nike 的企業標語：「Just Do It！」是許多三型人內心的聲音，三型人是典型的成就者，他們認為生活是由許許多多目標堆積而成的，國中時的目標是考取好的高中；高中時的目標是考取大學；大學的目標是得到一份好工作；工作的目標是追求更高的薪水或職位……。**對三型人而言，生活是一場競賽，如果不積極參與，就會被淘汰，所以他們會不斷地設定目標，然後達成它。**

　　在這場生活競賽中，三型人很清楚自己需要的是「好的結果」，他們會清楚地分析自己的優勢和劣勢，以及尋求最適合他們的競賽場。就如同一位三型人說：「如果你沒有比別人強的競爭優勢，就不要傻傻的與別人競爭。」**典型的三型人想法有：**

優秀簡報必要條件

怎麼還沒講完，
我已經等不急要給大家看
我的成果了！

▶ 三型人認為坐而言不如起而行，他們不喜歡理論，而喜歡從實作中學習。三型人的學習速度通常很快，老師還沒教完，他們就已經想好要如何做到更好了。

- 我認為「成功不是一切……，而是唯一的目標」。

- 做任何事情都要先設定目標，然後竭盡全力得到最好的結果。

- 我希望能夠隨時保持最佳狀態，將自己最好的一面呈現給大家。

- 我喜歡與強者共事或競爭，因為我相信壓力就是動力，而且我一定能更勝一籌。

- 我深信包裝往往重於內容，因為大家一定先看到外表，一個人是否成功，優秀的外在形象絕對是關鍵的要素。

❗ 三型人難以告人的難處

　　三型人常被批評爭強好鬥、不坦白、投機取巧、立場不堅定等。當三型人專注在自己的目標上時，就像是一台被設定好的機器人，在達成目標以前，不會進行其他工作，也不會管外在的環境；他們不在意自己的身體勞累、心理狀態，也不在意其他人的感覺，和團體的和諧氣氛。三型人**不喜歡失敗**，他們害怕失敗之後，會失去他們所擁有的一切，所以他們會努力排除任何影響他們成功的元素；即使不幸失敗了，他們會驅策自己更加努力，從錯誤中學習，避免重蹈覆轍。**三型人難以告人的難處是：**

- 在一個競賽中，我無法不讓自己竭盡所能追求最好的結果，而生活就像是一個大競技場，無時無刻都在競賽。

- 有人批評我忽略他人的感受，太過冷酷，這是因為我很努力要幫助大家成功。我認為，只有把個人感覺擺在一旁才能保持效率。

· 有些朋友認為我愛炫耀，其實我只是想要分享自己成功的喜悅。

· 我的家人會認為我不在意自己的健康、喜好或家庭生活，其實我是為了
  給予他們更好的生活，因而犧牲了這些次要的事物。

· 為了要時時保持專業形象和最佳狀態，我無法真正的停下來，讓自己好
  好的休息。

▶ 三型人的生活往往都是不停地工作，他們可能會抱怨自己沒有休息的時間。但實際上，三型人
  不允許自己停下腳步，他們會不斷地要求自己向前走，一方面他們需要工作的成就感，另一方
  面也害怕停下來的空虛感受。

❗ 三型人不喜歡做這些事……

　　三型人不喜歡處理沒有實際成效的事情，比如與朋友漫無目的的閒聊、執行可能會失敗的工作或學習與個人能力不相關的知識和技能。當三型人發現手邊的工作與自己的目標不相符時，他們會很快的轉移注意力，比如他們會打斷對方的談話或找尋能夠得到更大成就的事物。三型人不會直接表達自己的不滿，因為這會影響他們的形象，但他們會轉變溝通方式：表現極度的理性，並用迅速且一針見血的方式指出問題。三型人不喜歡做的事有：

- ・找一個安穩的工作，在組織內成為默默的一個螺絲釘，不引人注目。
- ・面對沒有效率的會議或工作，不試圖表達自己的意見，或設法改善流程。
- ・默默地完成一項重要的任務或達到某個目標，不告訴別人他們的成就。
- ・過著安逸鬆散的生活，不求改變或不清楚地規劃自己的目標和想要完成的工作。
- ・遇到問題或衝突時，不與他人講清楚、說明白，表達自己的想法，卻選擇默默的離開或安份地遵守公司規則。

❗ 三型人的職業

　　三型人通常具有高度的組織力、決斷力和執行力。他們清楚自己的長處，而且知道如何截長補短，展現自己最好的一面。三型人會認為：「既然決定做一件事，

就一定要把這件事做到最好。」**因此他們有可能在各種不同的領域中發展，在他們的工作範疇中，成為最好、最優秀的人。**

不過三型人喜歡能看到具體成果且能累積成就的工作，**許多三型人會傾向在商業、法律、銀行或科技產業工作，並努力成為管理者或領導者**；有一些三型人會善用他們對於市場需求的敏感度，和善於激勵人心的能力，努力**成為更高階的管理者或領導者，或在大眾傳播、教育培訓或政治方向發展**；也有一些三型人會在演藝圈或職業運動領域展現他們的才能。

三型比較不喜歡沒有具體外在回饋的工作，如純藝術，或缺乏相互競爭系統的工作，如公職。對三型人而言，一個沒有結果或不能得到獎賞的任務，是沒有必要努力的。

❗ 三型人的休閒

三型人通常會給人工作狂的刻板印象，許多三型人並沒有休閒生活，因為他們認為，工作就是最好的休閒活動。

對三型人而言，**休閒生活最好也能有所目的或能達到某個成果**。許多三型人喜歡參與社會服務組織或相關興趣協會，如獅子會、青商會、遊艇協會等，拓展自己的社交網路；有一些三型人會**設定自我鍛鍊或自我增值的目標**，比如定期慢跑，以完成十公里馬拉松比賽，或參加語言學習課程，讓自己有第三或第四種外語能力。

Part 4

四型人－自我者

「一個表演的人，特別的知道什麼叫做顛倒夢想。從你整個創意、到你的演出，
全部是顛倒夢想的結晶。幕一落的時候，那個事情是不存在的。」

——林懷民（雲門舞集創辦人）

「**經**驗深層的內在自我」、「體驗生命的意義」和「能夠被關心的人瞭解」，是四型人生活的動機。他們渴望每一秒鐘都是特別、無可取代的；他們努力發掘內心每一片最與眾不同的感受，藉著小說、電影、音樂或是白日夢，都可以帶給他們一絲淡淡的哀愁。浪漫的幻想給了他們內心的寄託，也讓他們不需要面對現實生活中的平凡與膚淺。

	不健康的四型人	一般的四型人	健康的四型人
特點	・固執己見 ・自我封閉 ・情緒反覆無常 ・憂鬱苦悶、怨天尤人 ・沈溺於強烈情感的關係或事物上 ・無法脫離負面的自我認知	・富有創造力，但有時會不切實際 ・富想像力，但情緒多變 ・我行我素 ・容易體恤憐憫他人 ・樂於思考內心的感受和生活中的意義，但有時會鑽牛角尖	・具行動力 ・有獨特的洞見和活潑的想像力 ・有很強的自省能力 ・恬淡寧靜、真誠開放 ・具高度的同理心；常懷感激之心 ・能有效地將自己的創意發揮成實際作品

四型人代表－

小風／31 歲，美術編輯

擔任出版社資深美術編輯的小風，在同事眼中，是一個安靜、內斂的人。她平時話不多，同事之間相約的聚餐出遊她也不常參加，有一些同事會覺得她好像很難親近，甚至覺得她不太容易相處。可是從她的好朋友薇薇和主管許先生口中，卻聽到了一些不同的看法。

「我最喜歡跟小風聊天、談心事，她很懂我的感覺，而且她都會很願意跟我分享自己的經驗，讓我覺得她和我是站在同一邊的。」小風的好朋友薇薇這樣說。坐在旁邊的小風吐吐舌頭，有點不好意思的回答：「其實我只是分享自己的感覺，沒做什麼啦！而且我看到薇薇難過，也會跟著難過，所以就會有感而發，我其實還怕她覺得我講太多了，好像是我在跟她訴苦一樣。」

小風的主管許先生對她也是讚譽有嘉，「小風做事不但細心，而且很有創意，稿子交到她手上，基本上我就安心了。她做編輯，就像在創作藝術品一樣，她編出來的書，絕對是同時具有品質與新意，也常常讓我們驚艷。」

「只是……，」許先生看了小風一眼，嘴角露出一絲微笑說：「如果她不會無故遲到早退，能多注意截稿的時間，那就更好了。」

看到小風整個臉已經漲紅了，吱吱嗚嗚的講不出話來，薇薇馬上幫小風解釋，「她只是有時候會需要一些時間整理自己的情緒，就像是古董機械錶，要拴緊發條才會動一樣。當她準備好時，就可以把事情做得更好。」

「對啦！我也發現了，而且我還知道『用鼓勵取代批評』的方式，在她身

上是絕對有效的，正面的意見會更加激發她的創意。」許先生說。

你認出來了嗎？小風是四型人。

❗ 四型人引以為傲的特質

　　四型人的形象有時很難跟快樂連結在一起，有人覺得他們好像整天都很憂鬱，甚至有人認為他們像是悲情的苦角，有些人因為這樣而害怕承認自己是四型人。其實四型人對於快樂的定義，有著不同的詮釋。四型人喜歡深刻、浪漫的感覺；喜歡與眾不同的經驗；喜歡在自己的感受中悠游，也喜歡自我認識的踏實感。**四型人的快樂不在於任何外在的人事物，而是取決於他們的內心**，所以他們希望對自己生命有更多的體悟，豐富的情感讓他們有更多的能量感受外在的刺激。

　　四型人的喜悅往往脫離不了他們浪漫的想法，一件簡單的事物或一個單純的事件，透過他們夢幻的腦袋，往往就變成一次無法忘懷的浪漫經驗。當他們能用開放的心去經驗身邊的一切，而不專注在負面的事情上時，他們會越來越感受到身為四型人的美好。**令四型人自身引以為傲的特質有：**

- 與眾不同，有個人特色。
- 懂得欣賞生活中各種美麗的事物；即使是平凡的小草，也能發現它獨特的美。
- 發現生命的意義及體驗人最深層的感受。
- 對身邊細微的事物相當敏銳，有豐富的靈感與創造力。
- 能真誠面對自己內心的感覺，並表現出最真實的自己。

盧梭說得對：
「我未必是出類拔萃的，但肯定是獨一無二的。」

▶ 四型人重視自己的靈感和感受，無論在與人相處、穿著打扮或工作上，他們都有自己的一套風格。四型人擅長將每一件事情都賦予新的意義，新的意義會讓事情變得獨一無二。

❗ 典型的四型人想法

　　四型人是典型的唯心論者，如巴克萊（George Berkeley）主張的：「存在就是被感知」，**他們很在意自己的感受，特別是令人悲傷難過的負面感受。**他們認為，生活中如果有一樣東西是絕對的，那就是他們本身的感受。如果說七型人是生活的探險家，四型人就是內心的探險家，他們不斷渴望發掘自己更深層的感覺，希望探索更真實的自己。

　　四型人相當倚賴他們的直覺和靈感，對他們來說，只有「當下」一瞬間感受到的才是最真實的。然而感受是瞬息萬變的，前一秒的熱烈渴望，下一秒可能變成冷

淡疏離，而四型人的想法也會隨著他們的感受而變化，因此他們有可能令人難以捉摸。**典型的四型人想法有：**

- 我認為每一個人都渴望被完全的瞭解；但我認為這個世界上，沒有一個人能真正的瞭解我。
- 在投入一件事之前，我一定要先坦誠的面對自己的感受。
- 我希望我做的事情是有獨特性、有深度，而且是有意義的。
- 生活的意義來自於我賦予它的意義，當我無法找到每一件事情的意義時，我也會失去生活的動力。
- 每個人都像是藝術品，藝術通常隱含著某種深刻的含意，只有創作者本身瞭解，如果創作者全盤講出創作的含意，那這就只是一個商品，而不是藝術了。

▶ 四型人很願意與他人分享心情或生命經驗，他們會很快的將對方的分享與自己的生活經驗連結，因此他們能對對方難過傷心的情緒感同身受。

❗ 四型人難以告人的難處

四型人容易被人批評的狀況像是：過度悲觀消極、情緒喜怒無常、固執己見。這是因為**四型人有一顆敏感的心，他們會很容易感受到自己或他人情緒的起伏。**四型人認為：「情緒和感覺代表他們的全部」，而忽略了感覺也只是人的一部分。

四型人渴望與眾不同，但「與眾不同」對四型人就像是一把雙面的利刃，當四型人建立自己的獨特性時，他們會感到自己的卓然不群，也會從中得到滿足；另一方面，卻又因為自己與他人不同而感到無法融入群體，也因此感到羞愧和失望。**四型人難以告人的難處是：**

- 當我看到別人不高興，或是聽到一些非正面的意見時，我就會擔心是自己做不好，或自己造成別人的困擾。
- 朋友常會說我用錢都不懂得節制，所以造成經濟問題。可是當我感覺必須得到某樣東西時，如果不去做，就會一直沈溺在這個感覺當中。
- 有時候我會生悶氣或不想跟人家講話，因為我覺得不管我怎麼解釋，別人都會誤解我的意思，我還會懷疑是自己表達能力有問題。
- 有人說我很悲觀，甚至庸人自擾，可是我只是反應出我看到的事實而已，生活中本來就有很多缺憾啊！

▶「嫉妒」往往是四型人無法克制的念頭，他們會不自覺地羨慕別人身上擁有的特點，認為別人擁有的東西都比自己好，或自己不如他人。當四型人出現這樣的感覺時，會進入憂傷的情緒中。

❗ 四型人不喜歡做這些事……

　　四型人善於將平凡的事物賦予新的意義，比如四型人看到天上的一片雲，可能就會連結到自己的心情，因此天上的雲不再只是一片雲，更代表了他們的感受。然而，最有可能讓四型人停止做一件事情的原因，就是四型人認為這件事情缺乏意

義，因為**四型人害怕平凡**，他們認為平凡就失去了存在的價值。當四型人無法找到一件事情的意義時，他們會選擇逃離，不繼續投入其中。**四型人不喜歡做的事有：**

- 告訴自己：「不要在意生活中的悲傷和痛苦，要用積極正面的態度看待生活中的一切事物。」
- 按照對方的意思照本宣科，完全無法加入自己的想法或意思。
- 讓自己過著規律的生活，早上按時起床、中午按時吃飯、晚上按時睡覺……。
- 與好朋友聊天，用理性的態度分析生活的現狀，並且努力找尋解決方案。
- 模仿他人的優點，讓自己變得和別人一樣好。

❗ 四型人的職業

　　四型人通常喜歡有美感、需要個人創意和工作時間自由的工作。大部分的藝術工作會符合這樣的特性，如音樂、舞蹈、雕刻、繪畫、攝影等。這些工作都需要許多個人的靈感，在工作當中，四型人可以較完整的抒發自己內心的感受，彌補無法用言語表達的缺憾，也會讓四型人的感覺有一個出口；**有些人則會用另外的方式表達，如文字創作、美術設計、室內設計、心理諮詢等。**四型人可以把自己的靈感轉化在這些工作中，每一次的工作就像是導演一部作品，不但抒發了自己的感受，也從不同的角度幫助了其他人。

　　四型人通常比較不喜歡太過實務的工作，如金融交易、設備管理等，但有些時

候，四型人會接受這樣的工作，以穩定的財務支持自己從事熱愛的創作。

❗ 四型人的休閒

　　四型人時常會出沒在各式藝術表演或心靈成長的場所，如國家音樂廳、美術館、藝文展覽場所、祈禱會等；四型人也喜歡逛一些精美的書店、精品店或服飾店，**他們想要找一些特別或有個性的東西，幫助他們展現出自己的獨特性。**如果能在一個燈光美、氣氛佳的咖啡店，和家人或摯友聊聊心事，增進彼此的情感，也會是四型人喜愛的活動。

Note

五型人－觀察者

「追求客觀真理和知識是人的最高和永恆的目標⋯⋯。
我們所能經歷的最美好的事情是神秘，它是所有真正的藝術和科學的源泉。」

—愛因斯坦

知識和智慧是五型人在不斷追求與精進的。他們藉由觀察、學習和記憶，努力吸收更多的知識，並以成為一名專家為目標。他們深信只要能專精在某一個領域，就有能力面對外界的挑戰，就不會成為沒用或無能的人。

	不健康的五型人	一般的五型人	健康的五型人
特點	· 古怪、冷漠 · 自我放縱 · 孤立自己 · 逃避與人接觸 · 強烈保護自己的空間和時間 · 沈溺於自己的幻想當中	· 重視自我私隱 · 喜愛獨處 · 避免需要投入時間和精力的活動 · 減低個人物質需求 · 對於知識有極大的佔有慾	· 有智慧和知識 · 富有行動力 · 享受身體力行的快樂 · 願意面對衝突 · 願意分享自己的感受 · 完全參與生活中

五型人代表──

美智／55 歲，企業顧問

　　美智戴著一副黑框眼鏡，厚厚的鏡片雖然擋住她明亮的雙眼，卻也顯得她學富五車和經驗豐富。美智 51 歲的時候，結束了她長達三十年的研究員工作，成立了個人工作室，擔任企業顧問。

　　「我很喜歡現在做的事情。我躲在研究室三十年了，看了無數的資料，也發表了非常多的研究。在研究室裡面，我可以很開心的活在那個世界裡，但永遠沒有辦法看到這些理論被實際應用的成果。而現在每一個案件中，都能夠將我所研究的理論和知識應用出來，我很喜歡這種感覺。」

　　「另外，更重要的是……，」美智笑了笑。「個體戶的顧問是依照時數收錢，所以與客人接觸時，一定是直接討論專業問題，不會浪費時間在噓寒問暖，聊一些不重要的生活瑣事。」

　　以前研究中心的主管 Ryan 說：「美智是我見過頭腦最好的研究員，同事們常說她是『資訊垃圾桶』，因為感覺上，她的腦袋有無限制的容量，任何與我們中心研究相關的主題，只要問她，她都能很快地說出相關的資料，或找到一些相關的研究。」

　　「我和美智是很好的棋友，」一位研究中心的同事接著說。

　　「不要看她平時一副淡薄名利、與世無爭的樣子，她下起象棋來，可絕對不會手軟，和平常的樣子完全不同。她家裡有從各地收集的象棋，也有所有名家的棋譜。基本上，她的家就像是一間小型博物館和圖書館。」

George 是美智的客戶，他說：「我認識美智已經很多年了，之前我從來沒想過要找她做我們公司的顧問。」

「我絕對知道她有足夠的知識和經驗能幫助我們，但我以前會擔心她太過理論。企業要的是實用的知識，需要一位能與員工建立關係、讓員工相信會幫助他們改變的顧問。一直到這一兩年，看到她成功改變了幾家企業，我才請她來我們公司。我也發現，她改變了很多。」

美智聽到 George 的分享，點點頭說：「的確，我以前寧願對著電腦，也絕對不願意坐在這裡跟你們聊天。在輔導企業的過程中，我發現要幫助團體改變，必須讓團體感受到我想要幫助他們的意願，這讓我成長很多。」

你認出來了嗎？美智是五型人。

❗ 五型人引以為傲的特質

五型人喜歡學習新知。他們的頭腦就像是「資訊吸塵器」，試圖將所有知識都吸進腦中。五型人相信「**知識就是力量**」，只要擁有知識，就能夠處理所有問題。因此，當五型人遇到問題時，他們通常會先冷靜的思考，仔細分析所有的事物後，再試圖做出回應。

較不健康的五型人喜歡獨自研究學習，不願意與人交流，也不願意分享自己的時間、精力和知識給他人；較健康的五型人不會害怕與人交流，並且能夠將書本上的知識轉成實際的應用。**令五型人自身引以為傲的特質有：**

- 對任何令我感興趣的事物，無論多複雜，我都懷著窮源竟委的精神，探究事物的始末原委。
- 我不在意外在的金錢、名聲和權力等物質需求，我也不會被物質誘惑，我相信「書中自有顏如玉，書中自有黃金屋」。
- 我擁有高度的專注力，能夠快速吸收各種資訊。
- 在面對困難和危急的狀況時，我仍能保持冷靜的態度，用客觀的角度觀察，以及給予建議。
- 我非常尊重每一個人獨立思考的空間，我會給予我的員工充足的時間和空間，讓他們能夠獨立完成工作。

> 由於五型人不太喜歡與人互動，很多人認為他們都只關心自己，不會注意到身邊的人事物。其實五型人有非常敏銳的觀察力，他們會聽到身邊的每一句話，也會看到許多細微的事情。

❗ 典型的五型人想法

　　五型人是典型的觀察者，無論做任何事情，都喜歡先從旁觀察，因為五型人認為，起而行之前，一定要有足夠時間坐下研究、思考。生活中，五型人不一定會積極參與活動，例如五型人學習跳舞時，可能看了許多舞步和跳舞技巧的書或DVD，卻不願意實際進舞場中練習，因為五型人覺得，頭腦能夠處理所有的事情，頭腦的想像比個人參與更加實際。

　　五型人不一定都很聰明，但五型人通常都認為自己擁有比別人聰明的頭腦，他們喜歡靠自己的智能解決複雜棘手的問題。當五型人面對困境時，可以一天花二十四個小時，搜尋以及閱讀相關資料，思考與分析相關問題，努力建立新的系統和方案。五型人透過知識力證明自己的能力與存在的價值。**典型的五型人想法有：**

- 沒有事實根據的言詞，就像是空泛的話語，沒有表達的必要；沒有理論支持的知識，就只是空洞的想法，沒有學習的必要。

- 如果我減低個人需求，吃簡單的食物、住便宜的公寓，那麼我就能省下更多的時間和金錢來思考和買書。

- 做任何事情或決定前，必須對整件事有通透的瞭解。從第三者的角度往往是最客觀、最有用的，所以用抽離的方式觀察事物，是非常重要的。

- 如果有很完整的系統規劃，人與人之間就不需要有太多的接觸，就不會浪費時間在溝通協調了。

- 每個人都有思考與分辨的能力，因此最有效的工作方式，就是盡可能地給予所有的資訊，並讓每個人自己思考後，自己找出行動的方向。

▶ 五型人在投入一項活動或學習前，通常需要大量的閱讀，以及深度的瞭解。在確認這項活動或學習有意義之前，他們傾向站在遠處觀看，避免過度投入。

❗ 五型人難以告人的難處

　　五型人最常被他人批評的缺點像是：冷漠、古怪、孤僻、小氣等。因為五型人非常珍惜自己擁有的資源，他們希望能夠省下不必要的花費，**盡可能地學習或收集自己有興趣的東西**，如 CD、書籍、古玩、模型等。

　　另一方面，五型人會努力克制自己的慾望，以及避免不必要的人際交流，以節省自己的時間和精力。因為他們相信，如果能夠減低與外在世界的互動，就能更專

注地學習。例如一位五型的學生，把打工賺來的錢全部用來買 CD 和樂器，以至於沒有多餘的錢買床墊和櫃子，但他們會告訴自己：「床墊和櫃子都是不必要的，只要有音樂聽就足夠了。」**五型人難以告人的難處是：**

· 當我思考時，我非常需要個人的空間和時間，而關上門和關掉電話是最好的方式，但這也讓我帶給他人不易親近的感覺。

· 有些人會認為我無法很快速的做決定，這是因為在做任何決定前，我都需要閱讀足夠的資料、做出精確的分析，以及瞭解明確的責任分配。

· 有同事認為我很傲慢，不願意回答他人問題，但我認為那些問題是基本常識，回答那些問題不但顯得他們愚蠢，也浪費了我的時間。

· 朋友認為我不與他們交流，但我實在沒有多餘的時間可以浪費在這些瑣事上。

⚠️ 五型人不喜歡做這些事……

五型人不喜歡與人分享自己的情緒，也不喜歡聽對方講他們的情緒。在五型人的世界裡，**只有理性客觀的事物才有價值**，情緒只會帶給他們莫大的焦慮，因為情緒太過不可捉摸，因此許多五型人都認為：「數字是最真實、最客觀的。」

此外，**五型人非常在意自己的隱私**，任何侵犯他們個人隱私的行為，都會引起五型人很大的反彈，比如在他們的研究時間被找去開會、在會議中提到他們的個人喜好、要求他們在私人時間參與公司聯誼活動……。五型人不高興時，通常不會直接表達出來，但他們會採用不積極的態度參與，或是選擇離開這個環境。

▶ 五型人總會覺得自己的學習時間不夠，他們會試圖逃避生活中的實際活動，以增加自己學習的時間。然而，當五型人的知識與生活脫節時，他們會變成一位與現實脫節的理論家。

五型人不喜歡做的事有：

· 不斷地向他人介紹自己部門的同事，闡述部門每年完成的績效。

· 跟一群剛認識的朋友出遊，並分享自己生活中的點點滴滴。

· 向他人介紹一個還不是很瞭解的理論，並大談自己的想法和意見。

· 主動邀請親朋好友到家裡作客，一個人張羅所有的飲食和活動。

· 與同事面對面衝突，直接表達自己的不滿。

🗨 五型人的職業

五型人喜歡的領域可以很廣泛，從生物、物理、化學、電腦、科技，到歷史、美術、音樂。他們喜歡有知識性的工作，也喜歡思考邏輯性的問題，這可以讓他們展現自己分析的能力，和解決問題的智慧。許多五型人會**投入研究或技術發展領域，如研究員、電腦工程師、考古學家或物理學家**；有一些五型人則會**選擇人文方面的工作，像是藝術家、作家、音樂家**。

五型人不喜歡與太多的人接觸，像是客服專員、業務專員、公關經理等工作，會讓五型人感受到較大的壓力。但成熟的五型人，能善用他們豐富的知識，帶領人們面對問題、解決問題。

🗨 五型人的休閒

即使是休息時間，五型人仍然很喜歡學習，因為他們認為：「**生活就是學習，

學習就是生活」。**許多五型人會參與研討會、讀書會；參觀博物館、文化古蹟；聽音樂會、演奏會等。**有些五型人則認為「**讀萬卷書，也要行萬里路**」，他們會在旅行中學習，觀察各地的風俗名情，以及暸解不同國家的知識與想法。

Note

Part 6

六型人－忠誠者

「人類面臨著從古至今未曾有過的抉擇路口，一條通往絕望的深淵，而另一條則通往毀滅的道路，讓我們一起祈禱，祈求我們有作正確決定的智慧。」

——伍迪・艾倫（著名導演）

安全感是支持六型人向前邁進的力量。六型人渴望身邊有一位可靠的人給予他們支持，或一個值得信賴的信念，讓他們清楚自己的方向。他們一方面努力證明自己的可靠和忠誠，另一方面也在找尋值得依靠的人或準則。依賴外在權威，讓六型人暫時不需要思考自己是否有足夠的能力或智慧，面對生活的挑戰。

	不健康的六型人	一般的六型人	健康的六型人
特點	・驚恐不安，焦慮激動 ・防衛心強，敵我分明 ・幻想所有不好的事情將會發生 ・過度依賴他人 ・無法相信對方	・機警聰明，有很強的危機感 ・尋求他人或團體的支持 ・懷疑他人和自己的權威 ・依賴團隊合作 ・忠於可信任的朋友或領導	・聰明、勇敢，有行動力 ・善於分析，面面俱到 ・富覺察力，謹慎小心 ・有決斷力，相信自己的決定 ・有自信，信任他人的忠實

六型人代表—

誠哥／46歲，資深客服經理

誠哥是一家美商公司的資深客服經理。46歲的誠哥，在這家公司的年資已邁入第二十二年，從客服人員開始，高級客服專員、專案助理，一路到現在的職位。公司從寥寥可數的三十餘人，一直到現在近兩千人的國際企業，說他是替公司打天下的老臣子一點也不為過。

「我還記得剛進公司的時候，客服部門就兩個人，一個早班，一個晚班，如果我們去上廁所，整個部門就暫停營業。」誠哥用他的許氏幽默打開話匣子。

「很多人問我喜歡公司的哪一點，我喜歡與一群人一起努力奮戰的感覺。對我而言，最開心的莫過於和信任的朋友們一起成長。」

Debbie也是客服部主管，她說：「誠哥是我進公司的第一個主管，他給我最深刻的印象就是他對於團隊和公司文化的重視。他認為團隊的共識和向心力是最重要的，所以會花很多的時間討論執行策略，他一定要等所有人都同意某一個方案後，才願意實行，並且會不斷檢視大家的執行狀況。」

「的確，我認為如果一個團隊不能齊心一致，團隊的力量就不能展現；在做任何決定前，我會努力確認團隊中每個人的想法和心態，這讓我能安心且肯定方案的可行性。」

Vivian是誠哥的主管兼老婆。Vivian的管理風格和誠哥截然不同，她很願意聆聽下屬的意見，但每當要做決定時，一定是果斷且明確，絕不拖泥帶水。

「我和誠哥配合得很好，他有耐心、我沒耐心；他凡事顧慮周全、我要求

結果成效；他擅長評估分析、我善於拍板定案。雖然我常被他的猶豫不決氣到火冒三丈，他也會被我的專橫霸道氣到直跳腳，但最終我是他上司，他還是要聽我的，不是嗎？」Vivian 爽朗的大笑。

「我完全不介意主管是我老婆，即使我們的看法和做事方式不同，立場也不一樣，但至少我知道她一定是跟我同一陣線的，我知道她不會傷害我，這就已經足夠了。」誠哥說完，看了看 Vivian。

你認出來了嗎？誠哥是六型人。

❗ 六型人引以為傲的特質

六型人有敏銳的感受力，**他們能很快的察覺身邊人事物的變化，也會時時思考各種因應措施**。對六型人而言，最開心的事莫過於放下內心的緊張和焦慮，怡然自

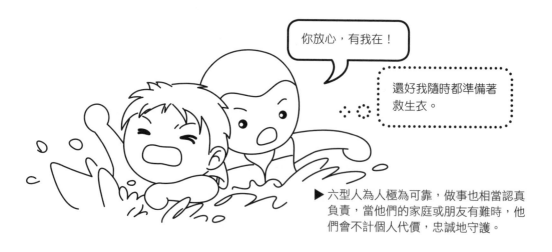

你放心，有我在！

還好我隨時都準備著救生衣。

▶ 六型人為人極為可靠，做事也相當認真負責，當他們的家庭或朋友有難時，他們會不計個人代價，忠誠地守護。

得地生活，因此六型人會找尋能夠滿足他們的元素——信任的夥伴或相同理念的工作環境。較不健康的六型人，會避免自己做決定，希望依賴他人；較健康的六型人能夠發揮合作力，結合自己和他人的能力和智慧，產生一加一大於二的效果，共同達成願景。**令六型人自身引以為傲的特質有：**

- 忠於自己的家人和朋友，凡事都希望將他們放在第一位。
- 擁有高度的責任心，總是竭盡所能完成長官交代的任務。
- 非常關心身邊的好友，努力將自己的心意送到。
- 擁有高度的警覺心，會不斷觀察自己和他人的狀況，總是能第一時間發現問題。
- 遇到不合理的管理或命令時，會勇於反抗，並再找尋合適的領導者。

❗ 典型的六型人想法

六型人是典型的忠誠者，他們忠於朋友和自己的信念。當朋友遇到困難，他們可以兩肋插刀；當信念受到質疑時，他們會誓死搏鬥。六型人就像是一名武士，忠於君主、尊敬祖先、遵守倫常，秉持鍥而不捨的精神，追求嚮往的榮譽和美德。即使路上荊棘密布，他們也會無悔地披荊斬棘，面對逆境而不動搖。

六型人的安全感來自於外在的支持，這包括了外在的體制、家人朋友的扶持或某一種信仰。他們深信只有得到外在的支持，才有能力面對生活中的一切挑戰，因此我們會看到六型人努力培養與人相同的嗜好，或找尋相同信念的夥伴。當六型人找到一個團體支持時，他們會感到安心放鬆。**典型的六型人想法有：**

- 我不相信這件事情有那麼簡單，其中一定有某些問題，等我仔細思考一下再來決定。

- 我一定要先知道對方內心在想什麼，這樣我才能清楚知道自己該怎麼回應。

- 我不是很確定這樣的做法會不會太自私，但我也不願意被別人佔便宜。

- 只要我能夠想清楚前進的方向和做事的方式，我就可以毫不憂慮地大步向前邁進。

- 我每一天都非常的忙碌，因為今天要處理昨天發生的問題，也要先準備明天可能發生的意外。

❗ 六型人難以告人的難處

　　六型人常被批評的缺點像是：過分小心謹慎、不知變通、猶豫不決、猜忌心重等。因為**六型人內心總是處於一種不安的狀態**，不但懷疑自己，擔心自己做了不正確的決定，也懷疑他人，擔心別人不會真誠地付出。一位六型的老闆說：「我曾經叫部門經理想辦法幫公司買兩份保險，這不是因為我想要獲得兩份理賠，我只是懷疑保險公司是否會老實地理賠，多一份保險，就多一份安心嘛！」六型人難以告人的難處是：

- 員工們認為我不信任他們，但是我也無法感受到他們的忠心和誠信，所以我只好用不同的方式測試他們。

- 我感覺無法控制自己的腦袋，腦中總有不停的思緒和對話。

▶「居安思危，思則有備，有備無患。」是六型人內心不斷提醒自己的話語，他們時時保持高度的警覺心，預防任何有問題的事情發生。

- 有人說我太過杞人憂天，這是因為我的身邊危機四伏。

- 當我看到掌權者用不合理或不正義的方式管理別人時，我會忍不住挺起身來反抗。

- 同事說我在開會時不停的問他們的想法，卻不表達自己的立場，這是因為我希望能夠找到一個大家都願意支持的方案或想法。

❗ 六型人不喜歡做這些事……

六型人不喜歡冒險和驚喜，也不喜歡獨自下決定。當六型人缺乏安全感時，他們會設法避免新的嘗試，或是逃避做決定。六型人可能有各種方式讓對方知難而退，比如不斷地要求對方提供佐證資料，證明自己的方案是可行的，或是不斷地分析各種困難點，要求對方一一提供解決方案。

六型人不一定意識到自己內心的焦慮和恐懼，但他們的反應往往會透露出他們的擔憂，比如遲遲不採取行動，不斷地詢問他人意見；過度順從權威者，魯莽地行動。另外，六型人的肢體語言會透露出他們的不安，比如他們眼神飄忽不定，臉部肌肉緊張，或是在會議中一言不發。**六型人不喜歡做的事有：**

- 工作前，不先釐清每個人的職責，讓大家自由發揮。

- 在公司裡，掌握所有的決策權，用命令的方式交代他人工作，不與同事或下屬討論。

- 負責公司戶外教育訓練，到活動前一天晚上，才開始思考雨天備案。

- 用樂觀的態度，看待生活周遭所有事情。

- 不依循團體的觀念和習俗做事，藉此展現自己的與眾不同。

▶ 由於六型人會不斷注意到事情有問題的一面，他們很容易表達出自己的擔心或憂慮。即使他們在做正面思考時，腦中也會不時出現負面的聲音，所以時常會讓朋友搞不清楚他們的想法或態度。

💬 六型人的職業

　　六型人喜歡階級職等明確的組織，如公職、教職或軍職，或是組織完善的大企**業，如奇美企業集團、台塑企業集團。**在這些組織中，他們能遵循既有的公司規範和組織文化，在清楚的權責劃分之下，他們較能夠享受團隊合作的氣氛。**有些六型人則會選擇在司法體系或風險控管部門**，利用他們對於危機的敏感度，建立良好的制度和規範，避免危險或違法的事情發生。

💬 六型人的休閒

　　六型人通常喜歡較輕鬆、不需要動腦的休閒活動，如郊外踏青、品嚐美食美酒等。他們喜歡在休閒活動中，認識志同道合的朋友，並且建立關係；六型人也喜歡**利用休閒時間運動和鍛鍊，強健的體魄會帶給六型人安全的感覺；某一些六型人則會參加自我成長的課程或信仰團體活動**，試著在活動中釐清自己的方向，和找尋外在的支持。

Note

_____

_____

_____

_____

Part 7

七型人－樂觀者

「勇敢向前的人可能活不長，小心翼翼的人卻虛枉此生。」

——理查·布蘭森（維京集團董事長）

開心、自由和有趣是七型人做事的動機。他們希望一天二十四小時都是快樂的，最好連夢境也是愉悅的。他們會努力讓自己在清醒的時候，盡可能的享受最多的美食、參加最多的活動、看最多的電影，或學最多東西。滿滿的行程給了他們一種滿足感，也讓他們沒有太多時間沉浸在悲苦的事物中。

	不健康的七型人	一般的七型人	健康的七型人
特點	· 行為過動或情緒過度亢奮 · 容易責怪旁人 · 做事衝動、虎頭蛇尾 · 沒有耐心、焦躁不安 · 喜怒無常 · 放蕩不羈 · 暴飲暴食	· 充滿新的想法但有時想法會不切實際 · 渴望改變且會對現狀感到不滿 · 樂觀積極但有時好高騖遠 · 有活力但有時缺乏休息和放鬆 · 願意嘗試新事物但有時缺乏專注力	· 對生活充滿熱情 · 具有豐富的想像力 · 充滿好奇心 · 樂觀積極 · 多才多藝 · 行動力強、體力充沛 · 有自信、有魅力、有創意

七型人代表─

陳樂／45 歲，國小教師

　　陳樂是一位在國小教書近二十年的老師，他對身邊的人事物充滿了熱情與活力。身邊的人在陳樂身上，可以看到生命的喜悅。他臉上常掛著笑容，開心時總是嘎嘎的開懷大笑，說起話來就像機關槍一樣噠噠噠的講個不停。

　　陳樂直爽開朗的性格，讓他常常被邀請到各式各樣的活動中。他朋友說：「我辦活動最怕冷場，搞得大家大眼瞪小眼，很尷尬。可是只要陳樂在，好像氣氛就會自然的活絡起來，而且他常常會提一些鬼主意，讓大家都很 high。」另一個朋友小貞還說：「我出去講課的時候，最喜歡帶著他一起，因為在講課的過程中，如果突然碰到不確定的問題，我都不太願意回答。這個時候，陳樂就會站出來幫我解釋，通常都講得頭頭是道。」陳樂很得意的說：「的確，我不太會碰到什麼不懂的問題，不論什麼主題，我總是有辦法接話。如果我跟小貞一起講課，我通常都知道小貞什麼時候需要我。很多人都會很驚訝的問我，怎麼你好像什麼都懂？」陳樂大笑的說。

　　不僅如此，陳樂還深知如何將時間資源分配得淋漓盡致。某個星期一的早上七點半，幾個朋友坐在一起吃早餐，看到陳樂老神在在的享受著他的早餐，有朋友很好奇的問陳樂：「你從這裡到學校應該要一個小時左右，你早上沒有課嗎？」

　　「我十一點才有課，可是我們八點要打卡。」看到大家驚訝的表情，陳樂笑著說：「我的同事如果看到我還沒到，一定會幫我打卡。」「我根本就不擔

心打卡問題，其實學校更緊張老師的打卡狀況，如果高層要抽檢，學校還會怕自己的紀錄不良，所以會主動幫我們把記錄做好。」

當然，陳樂也有傷心難過或不順利的時候，尤其是當他所提出的教案或想法被否決或無法實行時。但是他不會花太多時間去思考該怎麼挽救原本的計畫；相反的，他會很快的找出下一件可行的事。「對於任何一個我提出卻無法實行的想法，我都感到遺憾，因為每一個想法都是有趣的。可是世界不會因此而停止，我們要向前看，我還有很多其他的想法，也許下一個會更棒也不一定，是吧？」陳樂這樣說。

你認出來了嗎？陳樂是七型人。

七型人引以為傲的特質

基本上，七型人是歡樂的象徵，不管是自己的事或別人的事，他們都只喜歡看正面的角度，不會將難過或失敗的事情看得太嚴重；相反的，他們常常會用詼諧的態度來看待不順遂的情況。通常七型人可以講出很多喜悅的事，因為他們會專注在美好的時刻。比較不健康的七型人，會需要依靠外在事物來滿足他們的愉快，如購物、飲食、活動、朋友；較健康的七型人在任何情況下都能找到樂趣，他們的滿足感，不是來自完成腦中的行事曆，而是深刻的經驗每件事的喜悅。**令七型人自身引以為傲的特質有：**

· 擁有積極、樂觀的特質，相信天塌下來會有高個子頂著。

· 能夠不斷發現生活中的驚喜，感受生命的希望。

· 對新事物充滿好奇心；對於學習新事物樂此不疲。

· 能舉一反三、觸類旁通。

· 可以為身旁的朋友帶來生命中最重要的元素──「歡樂」。

慘了！聽說這個教授超嚴格的，
要交三份報告，還有三次考試，
而且絕對不能缺席。

我看沒那麼嚴重吧！
我昨天看到一家新開的韓國菜，
等一下可以去吃吃看！

▶ 七型人面對問題時，會顯現出他們樂天派的性格。當一件麻煩的事情發生時，他們通常會很快
的專注在另一件正面的事情上，就像是用甜美的糖衣包上苦口的藥丸。

！ 典型的七型人想法

　　七型人是典型的樂觀進取者，他們對生活充滿了好奇心，特別是任何讓他們感覺有趣、特別的事物。他們就像是探險家一般，不但去察覺新事物，還要親自去嘗試，他們不怕得不償失的失敗，只怕淡然無味的人生。想像一個進到巧克力工廠的小孩，對於眼前看到的一切，懷著興奮驚喜的心情，一邊想要仔細看清楚這個地方，一方面要趕快嚐嚐各種口味的巧克力，只怕錯過了任何一種口味。

　　七型人的滿足，通常離不開「自由」和「選擇」，他們深信只要能自由的選擇，就能擁有快樂。所以我們會看到七型人做事情快、想事情更快。當他們有多餘的時間、多餘的力量，就代表他們可以有其他的選擇，可以做其他事情、買其他東西，或參加其他活動。

哈哈！我超強的，
可以一次做那麼多事，
這樣就有更多時間可以玩 Wii 了。

▶ 七型人喜歡節省時間、節省金錢，或節省精力，但最終目的不是為了節省，而是為了做更多的事、買更多的東西，或參加更多的活動。

典型的七型人想法有：

- 負面的經驗和感受只是生活的一小部分，每個人都應該學習遺忘過去的失敗和難過，並且放眼未來的希望和可能性。
- 生命的意義就是要不斷地探索。沒有嘗試過，就永遠不知道是否可行，所以只要我還有一口氣在，我就要繼續嘗試新東西。
- 生命是喜悅的，我要每天開懷大笑來回報它。
- 我願意與各種不同的人合作，因為這會帶給我不同的經驗；但我不會被任何一個人掌控。

ⓘ 七型人難以告人的難處

　　七型人常被批評的缺點像是：過度樂觀、不切實際、沒耐心、三心二意、三分鐘熱度等。因為七型人腦中的計畫總是滿滿的，他們深知如果某一件事情無法達成，還有很多其他事情等著他們做。對七型人來說，自己的時間和體力是最大的挑戰，因為他們也只有二十四小時和一個身體。所以我們會看到七型人在活動之間趕場、熬夜，或考驗自己身體的極限。在很多不得已的情況下，他們必須要有所取捨。**在質與量之間，他們寧願選擇數量而放棄品質。**例如七型人在一座蘋果園裡，他們也許無法在一天之內把所有種類的蘋果都吃完，但他們會想盡辦法將各種口味的蘋果都咬一口，至少都嚐到每一種蘋果的味道。**七型人難以告人的難處是：**

- 生活中實在有太多有趣的東西了，真希望我有無限的體力，可以玩遍所有事物。

- 我腦中總會出現新的想法，要我只選擇一個想法貫徹到底實在太難了。

- 有人認為我太過樂觀，但人總要擁有希望，才會不斷的向前行。

- 朋友們常常說我沒有耐心聽他們分享生命中難過的歷程。其實我早就聽懂了，可是他們一直重複同樣的問題，讓我很無奈。我覺得生活中還有很多值得做的事情，不要浪費太多時間在煩惱上面。

哎呀！真對不住，
我居然忘記帶蛋糕啦！！

我才不相信呢！
你想要給我驚喜？！
等一下我就把蛋糕找出來！

▶ 除非到最後關頭，七型人通常不願意承認生活中不愉快的事情。也因為如此，七型人會給人過度樂觀的印象。

❗ 七型人不喜歡做這些事……

七型人不喜歡無聊和負面的事情，他們時常用無聊或無趣來評斷一件事情的好與壞，包括他們的生活、工作、親密關係、活動……。七型人不一定會直接的表達出無聊，但我們可以透過一些跡象察覺這些感受，比如他們會很心急的做完手邊的事情，趕赴下一個約會；告訴身邊的朋友要樂觀積極，不要庸人自擾；合理解釋下一個工作的重要性，並說服對方放下進行中的任務。當我們看到七型人表現出不耐煩或不專心時，大概就是他們在面對不感興趣的事情。**七型人不喜歡做的事有：**

- 花了兩個小時談一個計畫後，跟朋友說：「我們坐下來，再慢慢談一下細節。」
- 告訴自己：「在一本書還沒看完之前，絕不先看另一本書。」
- 跟朋友一起做事，看到對方做事捨近求遠，卻不能建議他一些小捷徑或小撇步，讓他更快完成事情。
- 在完成工作或做完功課之前，絕對不想任何吃喝玩樂的事情。
- 花一整天的時間聽朋友訴苦，抱怨生活，但不能給任何實質性的建議。
- 做一個月的計畫表，並且徹底完成所有計畫。

❗ 七型人的職業

七型人通常喜歡較富挑戰性或變化性的工作，如機長、空服員、攝影師、專案經理等，一些需要創意，或常面臨突發狀況的職務。有些七型人則會選擇**同時兼職**

幾份工作，這也會讓他們感覺同時經驗不同性質或不同層面的事物。

七型人較不喜歡重複性高的工作，如公務員、行政文書人員、會計師等。然而成熟的七型人，可以在平凡中找到他們的樂趣，例如在一般的行政事項中找到更省時省力的方式，並享受箇中樂趣。

❗ 七型人的休閒

七型人的興趣通常非常廣泛，他們喜歡旅遊或一些刺激性的活動，如攀岩、衝浪、滑雪、滑翔翼、飛行傘、潛水、賽車等；**也喜歡學習新事物**，如烹煮新菜色、品嚐美食、上個人成長課程、看電影、聽音樂、閱讀等，甚至只是跟三五好友坐下來，閒聊一些有趣的話題，或是構思一項新的計畫。**對七型人而言，只要是新奇有趣的東西，他們都願意嘗試。**

Note

Part 8

八型人－挑戰者

「鴻在天，海在地，鴻海就是要做天地之間的生意。

心胸有多大，舞台就有多大；一定要做到在我領域，沒有對手為止。」

—郭台銘（鴻海科技集團董事長）

依自身的意志、權力行事，不受他人干涉，是八型人努力追求的目標，也是帶領八型人往前邁進的動力。他們透過行動證明自己的力量，讓別人知道他們不可侵犯、不被脅迫，並且努力掌控生活中一切的人事物。無限的權力和豐富的資源給予八型人能獨立自主和不依賴他人的力量，也讓八型人不需要面對人性中柔軟脆弱的一面。

	不健康的八型人	一般的八型人	健康的八型人
特點	· 霸道跋扈 · 恃勢凌人 · 冷酷無情 · 嚴苛暴躁 · 深信唯有戰勝別人，才能保護自己	· 在意「自我權力」超過「他人感受」 · 具控制欲、支配欲和侵略性 · 熱愛挑戰自己和他人的極限 · 渴望被尊敬、崇拜	· 富正義感 · 有自信、有責任感 · 精力充沛 · 慷慨大方 · 剛中帶柔 · 真誠直率

八型人代表－

豪哥／ 42 歲，非營利組織營運主管

　　豪哥在非營利組織擔任營運主管。42 歲的豪哥，具有勇於開拓的精神，他做事積極，敢衝敢闖；他直率爽朗的做事風格，讓大家又愛又怕。一方面，在豪哥的帶領下，組織的績效、影響力和社會觀感都有明顯的成長；但豪哥做起事來不怕衝突、不畏抗爭的態度，也讓許多人很害怕。豪哥常說：「生命是自己掌握的，每個人都能控制自己的生命要如何變化，所以不要告訴我『不可能』，只要你願意就『有可能』。」

　　一次員工訪談中，一位剛進公司幾個月的同事小雯提出一個疑問：「我很喜歡豪哥的管理方式，雖然我常常被他罵到臭頭，但他讓我對生活充滿了幹勁，同時也在工作中學到很多東西。只是非營利組織給人的印象，通常是比較溫和，做事步調也較慢，我很納悶為什麼豪哥會選擇在非營利組織工作？」

　　「我認為非營利組織的使命，是一種社會承諾，是一種向善的變遷，是一種公平正義社會的實現，也是一種個人與個人、個人與環境和平共存，達到天人合一境界的願景。這是我會在這裡工作的原因，也是我現在努力達到的目標。」豪哥沉穩肯定的回答。

　　一位在組織近三十年的老員工王姊也說：「豪哥帶給組織很不一樣的氣氛，我記得以前公司就像小雯說的，氣氛溫和、做事融洽。雖然感覺很不錯，但是我覺得公司內部總缺乏一種向前走的動力，很多目標都無法按時達成，很多想法也會不了了之。現在公司則是充滿了活力，雖然做事的時候實在很累，也不

免產生很多衝突，但大家都會表達出內心真正的想法，尤其是在年終回顧一年的成果時，會有很大的滿足感。」

豪哥向王姊點點頭表達感謝，做一個總結式的分享：「我很開心大家能理解我的做事方式，我很清楚自己是一個急性子的人，尤其在做事的時候，我常常會忍不住發火，其實很多時候我是希望你們記得下次不要犯同樣的錯誤，同時也希望能激發出大家的潛力，我相信只有在逆境中才會發揮出自己 100％ 的力量。」

你認出來了嗎？豪哥是八型人。

❗ 八型人引以為傲的特質

生活中的八型人就像個大男孩，**想要用最真、最直接的方式表達自己的感受**，他們會奮不顧身的賣力往前衝，即使摔倒、受傷了，仍是充滿幹勁。八型人擁有率真、不做作、敢愛敢恨的特色，他們樂於接受挑戰，也用主動積極的態度面對生活。比較不健康的八型人會不斷的渴求權力和力量，希望外在的人事物都能在他們掌控之下，需要依靠他人的尊重而得到滿足；較健康的八型人能夠善用他們堅強的性格和強大的行動力，透過實際行動，迎接挑戰、造福人群，並從中證明自己的力量。

令八型人自身引以為傲的特質有：

・ 做事直截了當，不拖泥帶水。

・ 遇到事情願意挺身而出，能夠掌控全局。

- 具有無比的勇氣，不畏強權、不怕挑戰，遇到挫折時，越挫越勇，絕不言敗。

- 會很努力的享受生活，滿足自己的需要，絕對不會虧待自己。

- 能很誠實的表現自己不滿的情緒，願意讓別人看到真實的自己。

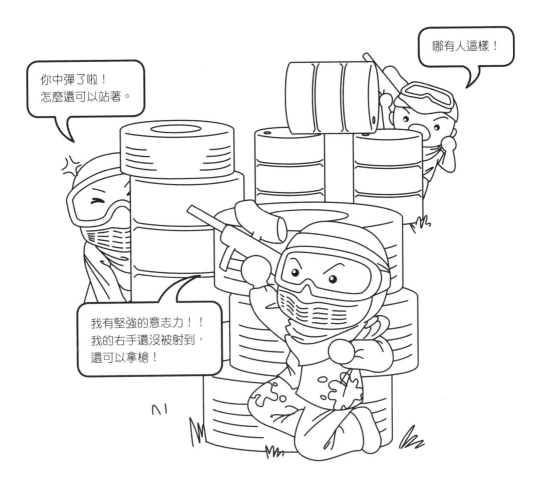

▶ 八型人有著堅強的意志力和不服輸的精神，他們希望掌控一切，包括自己的生命。當八型人遇到挑戰時，他們會竭盡所能的抵抗，努力得到最終的勝利。

❗ 典型的八型人想法

八型人是典型的強權領導者，他們內心深信著物競天擇的生存法則——適者生存，不適者淘汰。因此八型人不斷的告訴自己：「只有增強自己的力量，才有足夠的能力生存。」八型人不願意展現自己軟弱的一面；相反的，八型人會用各種方式證明自己的力量，並且讓身邊的人感覺到他們的存在，比如八型人會很大聲的說話、用強烈的言詞或肢體動作表達不滿。

八型人相當在意社會正義，他們不喜歡自己或他人被不公平的對待，因此身邊有不正義的事情發生時，八型人會毫不猶豫的挺身而出，主持公道。然而，八型人認為維護正義的方式，就是要擁有更強大的力量，消滅不正義的人事物。八型人強勢的作風，反而會讓身旁的人感到不公平或不正義。**典型的八型人想法有：**

- 我必須要讓別人知道「我」才是真正做決定的人。
- 我沒有辦法理解為什麼有些人會畏畏縮縮的，不敢維護自己的基本權力，我覺得這都是懦弱膽小的表現。
- 我會盡力爭取最多的資源和權力，因為唯有如此，我才有能力保衛自己和他人的主權。因為「大魚吃小魚，小魚吃蝦米」，這是不變的法則，而我不會讓自己成為蝦米。
- 我寧願堅強地犯錯，也不要軟弱地正義。
- 「讀萬卷書，不如行萬里路。」我認為實戰是最好的學習方式。

由於八型人認為自己擁有掌控一切的權力，所以他們時常會做超過自己極限的事情，比如買過多的衣服、鞋子，吃過量的食物或做過量的運動，因為在過程中，八型人能享受操控一切的感覺。

❗ 八型人難以告人的難處

　　八型人容易被人批評的狀況像是：暴躁易怒、強悍不顧人情、固執己見，或對人頤指氣使等。**八型人有一顆堅韌的心，他們渴望保護自己和家人、朋友**，不讓自己和家人、朋友受到威脅或傷害。八型人會努力擴大自己的影響力，讓大家都能站在他的保護傘下，聽從他的意見和指示。

　　然而，在八型人的觀念裡，聽從別人的指示就是服輸，接納別人的意見就是低頭。因此，八型人要保持強勢、同時顧及自己和他人的感受，是一件不可能的任務。生活中，八型人時常被迫要犧牲某一些人的利益，或不承認自己的害怕，以保持自己優勝的地位。

> 哼！跟我搶車道？
> 想得美！
> 別想從我這佔到便宜。

▶ 八型人有非常強的領域概念，他們努力增強自己的力量，就是為了保護自己的疆土不要被人侵犯。這會反應在他們各種行為上，比如：不願意讓他人過於靠近自己、不讓他人進入自己的個人領域……。

八型人難以告人的難處是：

· 對於不正義的事情或被他人傷害的經驗，如果不能表達出內心的不滿，
　我會無法忘懷。

· 我關心我的朋友和下屬，當他們被欺負時，我一定要為他們爭一口氣，
　但這也很容易傷害到其他人。

· 我說話和表達情緒的方式比較直接、強烈，我不會注意到別人有時候會
　被我嚇到或感到受傷，但其實我並不是有意的。

· 我有時會給自己太大的壓力，過度要求自己，超越自己的極限，會不小
　心傷害自己的身體健康。

· 我很難讓自己表達出柔弱的一面，基本上，我不能接受自己有弱點！

❗ 八型人不喜歡做這些事……

八型人不喜歡模糊不清的說法或繁瑣的細節，在八型人的世界裡，不是強者就是弱者、不是朋友就是敵人、不是領導者就是跟隨者、不是喜歡就是討厭。當八型人遇到不喜歡的事情時，他們會很明確的表達自己的感覺，而這個感覺通常是——憤怒。

另外，八型人非常在意是否被尊重，任何讓他們感覺不被尊重的事情，都有可能引發八型人的不滿，如不聆聽他們的意見、不真誠表達自己的感覺。如果我們發現八型人說話越來越大聲或肢體動作越來越大時，通常就是八型人感到不滿的時候。**八型人不喜歡做的事情有：**

- 面對僵持不下的局面時，主動妥協、放棄自己堅持的意見。
- 看到自己的下屬被欺負時，不挺身而出，捍衛下屬的權益，但告訴下屬：「看開一點，不要想太多。」
- 面對衝突時，要保持冷靜，不表達出自己憤怒的情緒。
- 認為有其他比他更有能力的人，而自願退讓原本主管的位置。
- 開會討論時，即使某些人所報告的內容言不及意，仍然很有耐心的依序聽完所有人的想法。
- 與他人衝突後，要卑躬屈膝地向對方道歉。

❗ 八型人的職業

　　八型人非常主動積極，他們**擅長帶領團體往前邁進，也喜歡掌控大局**。許多八型人喜歡**自己出來創業**，因為當老闆能得到足夠的自主權和自由，也能滿足發號施**令的渴望**。在職業選擇上，他們喜歡找一些能解決棘手問題，以及證明自己能承擔責任的工作；另一方面，八型人渴望能盡量取得多一點資源，如金錢、人脈、權力。他們認為，唯有掌握更多的資源，才能擁有掌控自己與他人的力量，因此**很多八型人會成為企業家、經理人、律師、軍人、運動員、政治家等**。

　　八型人通常比較不喜歡過於繁瑣或需要順從他人的工作，數據研究員、空服員、公關經理等。但八型人會在這些領域中努力升遷，成為管理職，從中證明自己的力量和能力。

❗ 八型人的休閒

　　八型人喜歡在體能或智能上挑戰自己的極限，在體能活動上，八型人**傾向戶外運動，網球、爬山、足球、舉重、拳擊等**；在智能活動上，八型人喜歡**參與工會活動、辯論活動、佈道大會等，他們希望在活動中能夠展現自己的影響力**。八型人喜歡能觸碰到的具體事物，或能實際參與的活動，例如八型人在逛街時，會希望能實際購物，而不只是 window shopping。

九型人－和平者

> 「最上乘的國君治理天下，使人們不覺得有他的存在……，悠悠然地行事吧！
> 不要輕易地發號施令。成功了，完事了，老百姓會說：我們原來就是這樣的！」
>
> —老子《道德經》

人與人的和睦、事物的調和，以及萬物的諧順，是九型人努力的目標，也是九型人生活的動力。九型人渴望生活中的所有人事物都能完整不分離，因此他們盡可能減少表達自己的意見和情緒，以維持外在的和諧；也努力將自己維持在一種平和恬淡的情緒裡，以保持內在的和諧。他們創造出一個完美的世界，讓自己不需要面對現實生活中的殘缺和不圓滿。

	不健康的九型人	一般的九型人	健康的九型人
特點	・固執 ・忽略別人真實的想法 ・不願意面對自己的問題 ・利用遺忘和疏忽來消極抵抗他人 ・時常出現突然的狂怒	・不喜歡改變 ・願意犧牲個人利益，與他人妥協 ・對衝突感到焦慮 ・寧願墨守成規 ・利用簡單舒適的例行公事取代複雜的真實挑戰	・有包容力、協調力 ・謙虛樂觀 ・積極投入生活 ・願意表達自己的立場 ・能夠整合不同的意見和想法

九型人代表一

安安／36 歲，貿易公司主管

---

　　36 歲的安安在一家貿易公司工作，公司不大，只有十三個人，是典型的家族企業。安安話不多，情緒變化也不明顯，但她總是把笑容掛在臉上，彷彿每天都是一樣的開心。

　　安安的親和力讓她在公司交了一群好朋友，她的死黨小茹說：「安安在我們公司有一個外號叫『萬能小姐』，因為只要有同事或老闆請她幫忙，她從來沒有拒絕過，也從來沒有抱怨過。」

　　「而且有時候有一些單調、重複性的工作，安安都願意幫我們 cover 掉，」雯雯吐吐舌頭不好意思的說。

　　安安抓抓頭，一臉尷尬地說：「同事們都這樣叫我，我也覺得這個外號蠻不錯的。其實我不怕單調的工作，反而還蠻享受處理工作的過程。不過我覺得我都只是做分內的工作，也沒有特別幫什麼忙。」

　　安安不僅得到同事的愛戴，也頗受老闆好評。

　　「我覺得安安是一個很能維持團隊氣氛的主管，她會關注每一個人的感覺和意見。自從她擔任經理後，我幾乎沒有看到在會議中有爭執的情況。我常常告訴同事，你們有一位我認識的主管中，脾氣最好的經理，你們要好好珍惜。」

　　「而且，她對我而言，不只是好主管，還是好朋友。我每個禮拜五都會約一群朋友來家中喝酒聊天，紓緩一週的工作壓力。安安是固定班底之一，她每次都會幫我們準備可口的下酒菜；她也從滴酒不沾，被我們訓練到一身好酒

量。」老闆說完，很得意的大笑。

安安維持著她的招牌笑容：「謝謝！我很喜歡這裡的工作氣氛，沒有明顯的從屬關係，大家都是好朋友，這也是我在努力維持的！」

雖然大家都很喜歡安安，但私底下，有幾位同事不約而同表達了這樣的感覺：「安安是一個好人，但有時候她做事的優先順序我不是很能理解，每天看她也沒停下來過，但我們認為很急迫的事情，她好像都不會立刻處理，比如與客戶的合約內容，一定是需要她處理的。她每次都一副老神在在的樣子，讓我有一種『皇帝不急，急死太監』的感覺。」

你認出來了嗎？安安是九型人。

❗ 九型人引以為傲的特質

九型人是九種型態中最隨和的人，他們喜歡身邊的人事物都和諧共處，由於他們不會執意自己的意見，又樂於聆聽大家的聲音，在團體中，九型人常扮演居中協調的角色，或是負責與他人協商和建立團隊共識的工作。比較不健康的九型人會營造表面的和諧，避免任何正面的衝突，比如面帶笑容地同意對方的請求，但不會採取任何行動；較健康的九型人會表達自己的想法，真誠地接受對方的意見，並設法找到可行的方案，真正地化解彼此的衝突。**令九型人自身引以為傲的特質有：**

- 有一顆寬容的心，以及客觀的頭腦，能夠包容各種不同的意見。

- 無論處於各種環境中，總是保持著輕鬆愉悅的心情，秉持著船到橋頭自

然直、順其自然的心態。

· 有很強的親和力，擁有隨和的個性，以及平易近人的態度，讓許多朋友都喜歡與我相處。

· 有很高的敏感度，能很快的意識到別人的情緒或衝突的跡象，並且能夠化干戈為玉帛，把敵人變成朋友。

· 無論做事情或與人相處，都會很有耐心地完成工作或聽對方說話。

▶ 九型人有高度的耐心，他們不怕繁瑣重複的事情；相反的，他們能夠享受其中，因為在處理這些繁雜事物的過程中，他們可以不需要表達自己的立場，也能夠沉浸在平和的情緒裡。

❶ 典型的九型人想法

　　九型人是典型的和平主義者，他們認為自己有責任要建立一個安定和諧的環境，所以會努力建立一套開放、透明、安定的系統，希望透過這套系統，讓所有人都能自由表達意見，且不會傷害到任何人。透過有效的溝通，大家就能達成共識，且能夠建立人人都滿意的目標和方案。

　　然而，九型人害怕衝突，當自己的想法與他人的意見無法達成共識時，九型人會選擇用妥協或遺忘的方式。他們覺得忽略自己的想法，是達成共識最快且最好的方法。只要其他人都有了共識，就能夠維持團體和睦諧順的氣氛，那麼自己的想法也就變得相對沒那麼重要了。**典型的九型人想法有：**

- 我認為好的溝通就是要願意聆聽對方的想法，並設身處地為對方著想；如果每個人的意見都能被聽到，解決方案就會出現。
- 別人對我越是嘮叨，我就越沒有動力完成這項工作。
- 我不願意否定別人的意見，但我也不願意違背自己的意願；所以只好認同他們的想法，但我不一定會馬上按照他們的指示去做。
- 與人討論事情時，如果堅持自己的想法，可能會造成對方為難，所以還是不要表達的好。
- 緊張和焦慮只會壞事，所以我會保持冷靜平和的心情，同時希望對方也是如此。

▶ 九型人有一種超乎想像的包容力，他們喜歡大家一起共融的感覺，不要有任何人落單，因此他們不太會拒絕人。很多時候，九型人會選擇放棄自己的權益，以成全其他人。

❗ 九型人難以告人的難處

　　九型人容易被人批評的狀況像是：行動不積極、態度散漫、逃避衝突、抗拒改變。因為九型人最深的渴望是要與他人和諧地在一起，他們知道積極的行動和改變，都有可能破壞原本的和諧與寧靜，所以寧願保持事情原有的樣貌，也**不允許外物干擾他們內心的平靜。**

　　當九型人期待的和諧感被破壞時，他們通常會做消極抵抗──我不拒絕你的請求，但我也不會有具體反應。這就像是用一個金鐘罩保護自己，不讓外界的事物侵犯到他們僅存的安寧；同時，這個金鐘罩也困住九型人，讓他們無法走出來，感受外在的世界。**九型人難以告人的難處是：**

- 主管時常會要求我改變作業流程或改變報告方式，但我實在沒辦法體會改變的好處，維持現狀不也是挺好的嗎？
- 很多人認為我做事不積極，但其實我非常積極地配合身邊的人，我改變自己的做事方式，空出自己的時間，這是件不容易的事啊！
- 主管說我時常沒做好自己的本職工作，但我是為了團體的和諧，才會幫忙同事整理資料、接送出國的客人，這不也是工作嗎？
- 朋友們會說我不願意講自己的意見，但我都會很配合他們的想法。

▶ 九型人通常是大家心目中的好好先生、好好小姐，他們不太願意拒絕他人，所以時常為了忙碌他人的事情，而忽略了自己手邊最重要的事情。當這樣的情況越來越多時，會造成自己和身邊朋友的困擾。

❗ 九型人不喜歡做這些事⋯⋯

九型人不喜歡面對負面情緒，比如生氣、憤怒、難過或悲傷，因為他們覺得負面的情緒意味著不美好、不和諧。當九型人遇到身邊的人表現負面情緒時，他們通常會選擇逃避，一種方式是本人逃離現場，另一種是情緒上的抽離，像是有人形容鴕鳥遇到危險時，把頭埋進沙地裡一樣。比如在會議中，主管批評九型人的表現，他們會不讓自己感受到受傷或生氣的情緒，所以九型人通常會維持冷靜平和的態度。然而，九型人與其他人一樣，會有負面的情緒，他們會選擇麻醉自己，壓抑或否定這些感覺。許多九型人會告訴自己：「只要大家能夠彼此接納，我願意捨棄我的不滿、我的憤怒、我的理想、我的計畫，甚至我自己。」當我們看到九型人的行動力越來越低時，大概就是他們在處理某些不滿的情緒。**九型人不喜歡做的事有：**

- 與同事持相反意見時，主動表明自己的立場，並要求對方將自己的想法說清楚講明白。

- 舉辦一個瘋狂的慶功 Party，邀請大家挑戰極限、享受刺激。

- 在部門會議中，不耐心地聽完所有人的意見，主動打斷他人，告訴發言者：「我們沒有那麼多時間，請你講重點。」

- 在團體中，直接告知團體成員自己的不滿，要求對方改變。

- 營造彼此競爭的工作環境，鼓勵員工發揮潛能，戰勝對方。

九型人的職業

九型人通常不喜歡太過競爭或太過刺激的工作環境，比如股市交易員、記者、地產經紀人等；他們會寧願選擇**低壓力、少衝突、安穩固定的工作，如教師、公務人員等**。

然而，九型人的內在其實有很強的行動力，也具有很強的溝通協調能力，**當九型人能意識到自己的內在渴望時，他們會善用自己的長處，將夢想變成實際**。許多九型人會**利用他們高度的同理心和溝通力**，擔任企業裡的人力資源專員、顧客關係專員，或業務人員等。

九型人的休閒

隨和的九型人即使在休閒生活方面也是很隨和，他們不會強求要某一種形式的活動，而是會**願意配合身邊朋友的想法，或選擇最簡單的方式**，比如朋友喜歡郊遊，他們也會一起郊遊；朋友喜歡看電影，他們也跟著去看電影。

但基本上，九型人**不太喜歡太過刺激性的活動**，大部分九型人心中最喜歡的休閒活動還是睡覺睡到自然醒，漫無目的的拿著遙控器在家看電視，或是在一個舒服的地方發呆。對九型人來說，這種輕鬆的休閒，就是他們充電的方式，讓他們能有更多力氣面對生活中的衝突。

Part 10

看圖分辨九型人格

❗ 出國看球賽去！

　　台灣之光王建民經過兩年的復健，終於重新在美國大聯盟投球了。一群同事相約要一同前往美國華盛頓（D.C.），觀賞華盛頓國民隊的球賽，順便在當地旅遊一番。下圖是九位同事在會議室裡討論的相關事項：

（解答請見第 132 頁）

❗ 車禍

面對問題時，不同的型態也會有不同的反應。下面是一場車禍現場，猜猜看他們代表著哪一個型態：

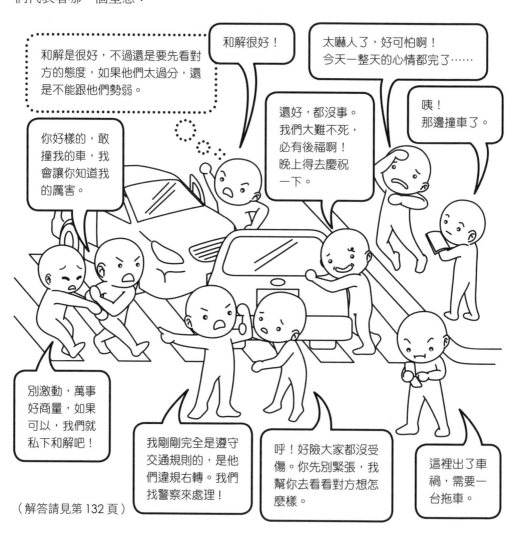

（解答請見第 132 頁）

❗ 體驗教育

　　公司為了增進團隊的凝聚力，安排了一天的體驗教育訓練。員工們被安排完成一項攀岩任務。下圖是遊戲進行的實況，猜猜看他們的反應屬於哪一個型態：

（解答請見第 133 頁）

❗ 丟蘋果

一位富豪老來得子，因此對他的小孩寵愛有加，這位小男孩也自然非常的淘氣。一天，這位小孩爬到樹上，想要用蘋果砸路過的人，下圖是九種不同的反應，猜猜看他們屬於哪一個型態：

（解答請見第 134 頁）

原來是董事長的公子啊！小少爺玩的把戲跟別人都不一樣呢～

唉唷～真痛！還好小孩子跟我都沒什麼事。

做人就是要守禮守份，小孩子必須要從小教起……

! 解答

出國看球賽去！

車禍 ....

體驗教育

丟蘋果

Chapter 3
解密篇
Open the Door

九型人格**不但能夠幫助自我認識，還有助於提升組織績效、改善人際關係以及改變與他人的關係。**提升人脈最重要的要素就是建立「有效的溝通」，要達到有效的溝通則需要能「**知己知彼**」──清楚自己的想法和瞭解對方的動機，並且要對事也對人──理解對方的需要，給予適當的回應。

　　前一章節對每一個性格類型的剖析，幫助我們深刻體會自己與他人的不同。我們會發現，即使在同一時間遇到同一件事，每個人關注的地方都不一樣。有人先關注「人」、有人較在意「事」；有人可以很自然地表達出自己的情緒，有人則會選擇冷靜地分析；有人會主動爭取自己的權益，有人希望別人主動看到他們的努力。

　　當我們瞭解別人眼中的自己，就可以選擇改變自己的表達方式；當我們知道對方喜歡的溝通方式和做事方法，我們便能對症下藥，促進雙方的合作關係。

　　在本章節中，針對每個性格型態分別介紹：**朋友眼中的九種性格類型**──從旁觀者的角度探討每一個類型；**與九種性格類型的相處之道**──從每一個性格類型的主觀角度，表達出他們期待別人如何跟自己相處。最後，將帶你「**破解九種性格類型的溝通祕密**」，在此會將每一種類型與另一個類型相處時常遇到的狀況一一列出，四十五種溝通組合可以幫助你面對所有與人互動的可能性。

如何與一型人相處

❗ 朋友眼中的一型人

　　一型人通常給人**做事嚴謹、認真負責，為人正直且充滿正義感**的印象，他們是團體中的原則王。一型人時常讓朋友感到又愛又恨，朋友們愛一型人對於理想的堅持，以及充滿幹勁的生活態度；但另一方面又受不了他們過度執著的觀念，以及事事要求十全十美的結果。

　　與一型人相處時，朋友會發現一型人較缺乏彈性，或是不太願意聆聽他人的想法；另一方面，一型人時常評論他人的做事方式或做事流程。因此，如果一型人沒有良好的表達能力，很容易傷害雙方的關係。**下面是從朋友的角度，形容他們認識的一型人：**

- 我這個朋友是個很有正義感、堅持原則的人，而且不會妥協他的道德標準。他的老闆要求他用一些比較取巧的方法完成工作，因為無法達成共識，他就因此辭職了。

- 一型的員工做事不但對細節有耐心，而且每每都交出完美的工作成果。我知道她為了要按時完成工作，常常加班或把工作帶回家，能有這樣的員工實在是公司的福氣。

- 一型人是很有責任感的，而且做事有計劃也很嚴謹，只是有時候太過一板一眼、不知變通。我想告訴他們：「堅持『對的事情』是好的，但也

要找到『對的方法』才能完成對的事情。」

· 我認識一位一型的老師,她總是保持認真、公平的教學態度,這也讓她贏得學生的尊敬和愛戴。

· 也許一型人真的很能發現別人的錯誤,但太過於執著在細節上,反而會忽略了整體的狀態和人性的不同需要。

▶ 一型人對於很多事情都有一套「標準方案」。對一型人來説,只有依照這套標準做出來的東西才是最好的。當一型人看到事物是依照這套標準進行時,會讓他們較能放鬆,並且樂在其中。

❗ 與一型人的相處之道

　　一型人通常喜歡討論較正經的話題，比如政治、社會現況、國家發展、倫理規範……，與一型人相處時，盡可能用有邏輯且具體的表達方式，讓一型人感覺到你講的內容是有道理的；另外，工作時，不要用八卦話題和寒暄的場面話與一型人建立關係，他們比較喜歡直接討論重點的事務，盡量先把工作相關的事務處理完，再和一型人做社交性的交流。

　　一型人非常在意責任感，他們會對任何要做的事情都承擔起完全的責任。由於一型人的自我要求，他們也許不會去找尋幫助，或諮詢他人的意見，因此，與一型人相處時，要學習認同他們的使命感，並且用理性客觀的態度，詢問他們工作的狀況，以及提供相關的協助。這可以幫助一型人檢視自己的工作狀態，也會讓他們感受到你的支持及關心。下面是從一型人的角度，告訴你如何與他們相處：

- 跟我一起做事，一定要守時，而且有始有終；我最怕遲到和三分鐘熱度的人。

- 如果有和我不同的想法時，盡量不要直接反對我的看法，可以用問句，「如果……」的方式，這會讓我比較容易接受。

- 盡量用客觀的言語給我建議，適當的幽默和微笑會讓我比較輕鬆，容易聽進你的建議。

- 尊重我的原則和標準，可以跟我討論你自己的看法，但不要質疑我的堅持。

- 在工作完成前，不要跟我談論玩樂的事情，我認為做事時就是要專心一

致，用嚴肅的態度面對。

· 當我在糾正你的錯誤時，請記得我是愛之深，責之切，我只是希望能幫
　助你更好。

▶ 一型人會注意生活周遭不完美的事情，並能提出改進的方案。當一型人注意到一個問題時，很
　容易陷入其中，即使不表現出來，他們已經在腦中給予這樣事物嚴厲的批判。

如何與二型人相處

❗ 朋友眼中的二型人

二型人具有一種讓人無法拒絕的熱情，他們熱忱、友善、體貼，這些特質幫他們贏得很多的好朋友。當朋友遇到問題時，通常第一個想到的就是二型的朋友，因此二型人時常是朋友心中最好的救火隊。

與二型人相處時，朋友們時常會發現，二型人太過於關注在對方身上，他們為了維持彼此的良好關係，會不自覺地討好對方。當雙方長時間相處時，這樣的互動關係，會讓朋友們倍感壓力。更嚴重的情況下，二型人會自認為清楚對方的需要，而強迫對方接受自己的幫助。**下面是從朋友的角度，形容他們認識的二型人：**

- 我覺得二型人都是好人，他們待人誠懇且樂於助人，當我有困難時，我還沒開口，他們就已經出手幫忙了，常常都讓我感到很窩心。

- 我喜歡跟二型人共事，我的二型同事常常都會做一些好吃的東西讓我們品嚐，跟他們相處，感覺就像和家人一樣溫暖。

- 二型人很熱情，可是有時會讓我覺得熱心過頭，他們有時候會過度干涉別人的事情，讓我覺得不被尊重。

- 她彷彿是個很有能力的人，她把公司所有事情都處理得井井有條，同事私底下的大小事她也都能適時支援，但她卻常常忘記準備自己兒子上學的衣服和提醒兒子準時上課。

- 他一定有一顆記憶力超強的腦袋，公司一百多位同事，他幾乎記得所有人的名字和生日；如果有人身體不舒服，他還會適時送上問候。

❗ 與二型人的相處之道

　　二型人喜歡與人建立關係，「幫忙」是他們與人建立關係的方式。與二型人相處時，適當的請求他們協助，會讓二型人感到開心，感覺自己被重視了。然而，二型人時常忽略自己的限度，即使已經身心俱疲、焦頭爛額，還是會忍不住要去幫助別人。如果能夠在這個時候，給予二型人一些提醒，或是簡單告訴他們：「謝謝你的好意，但我覺得你要先休息一下。」這會讓二型人感到非常的溫馨和體貼。

　　另外，二型人會觀察對方的喜好，並且努力滿足對方的需要，但他們同時也很期待別人能夠關心他們。花一點時間瞭解二型人的喜好，關心他們喜歡的食物或活動，這會讓二型人感到非常窩心，也會讓他們感覺到自己被重視。

　　最後，當二型人的熱心讓你感到不舒服時，可以直接但婉轉地告訴他們，讓他們知道你的感受，例如：「我很感激你為我做的一切，但你這樣做，反而讓我覺得自己很沒用」。在分享自己的感受後，要鼓勵二型人也分享他們的感受，因為二型人通常會避免分享自己內心的感覺，特別是負面的情緒。透過分享，二型人會越來越開放自己，也會更願意接納自己和別人的需要。**下面是從二型人的角度，告訴你如何與他們相處：**

- 我喜歡盡量面對面的溝通，一開始工作時，可以先相互噓寒問暖一下，這會讓大家感覺比較親近。

- 不要直接批判別人，我覺得鼓勵的力量遠大於批評；當要告知對方缺點時，也要同時給予對方正面的評語。
- 讓我知道你的需要，欣賞我的熱情和幫助，不要馬上拒絕我的關心或邀請。
- 不要忽略我、排擠我，可以跟我分享你內心的感受。
- 我喜歡每天都花一些時間跟人接觸，這不表示我不認真工作，這只是我一種休息的方式。

▶ 二型人喜歡感覺被人需要，但有時他們不太喜歡過於露骨的表揚，這會讓他們覺得不自在，因為他們認為：「別人快樂，我就快樂。」當二型人所關心的人對他們表達感謝讚美時，這個讚美會是更大的獎勵。

如何與三型人相處

🗨 朋友眼中的三型人

在朋友的眼中，三型人是個**好勝心強、做事有條理且努力向上**的人；在團體中，他們常常是大家心目中的模範生。三型人通常有特殊的魅力或能力，會讓朋友想要接近他們，希望能學習他們優良的表現，或感受他們正面積極的態度。

與三型人相處時，朋友們會發現，他們很容易以自我為中心，忽略了團體的合作。三型人喜歡成為大家目光的焦點，在團體中，他們希望其他人能注意自己，所以他們會很主動的發言，以及表現自己的才能。當三型人過於鋒芒畢露時，會讓其他人感覺不被重視，造成彼此的衝突，或不願意與三型人合作。**下面是從朋友的角度，形容他們認識的三型人：**

- 我覺得三型人就像超人一樣，都不用休息的；我前一天晚上十一點還看到他在公司加班，隔天早上七點到公司他已經上班了，而且完全沒有疲累的樣子。

- 我很喜歡跟三型人共事，很有安全感，因為他們總是會做好充分的準備，並且知道如何呈現自己最好的一面。

- 雖然三型人有很強的工作能力，但在工作時會六親不認，這會讓我感覺非常的不舒服，如果他們能顧慮一下其他人的感受就好了。

- 我覺得三型人非常有魅力，永遠都保持著自信和專業。與他們相處，都

會不自覺地被感染。

· 三型人的生活總是那麼忙碌,即使在公司每天都遇到他,卻沒機會跟他
聊天。我覺得跟他說聲「早安」,都要先跟他約好時間才行。

這次看完的書也很不錯呢!

五秒鐘你就是成功者

三分鐘領導學

贏得人心七步驟

1分鐘幫你提高效率

睡眠學習法

▶ 三型人非常願意學習新事物,而學習的目的,通常是為了增強達成目標的能力,所以他們喜歡
各種實用且快速的方法。

❗ 與三型人的相處之道

與三型人相處時,要記得他們**渴望被人尊重,甚至被他人崇拜**。因此,如果三
型人表現良好時,要主動讚賞他們的優點,可以明確地指出哪一些行為,或哪一個
事件是你認同的,並且給予實質性的鼓勵;相反的,忽視他們的工作績效,或是貶

低他們的專業表現，會讓三型人產生相當大的反感。

第二，三型人通常樂於接受別人的意見，因為這有助於他們成長，變得更好，但記得要**提供建設性的回饋**。三型人非常在意效率，如果他們發現對話內容只是閒聊，或情緒的抒發，無法有效解決問題，他們會很快的終止這段談話。另外，在給予三型人回饋時，要注意他們手邊是否有其他工作，三型人非常在意有其他事務干擾他們達成目標。

第三，**多鼓勵三型人表達自己的感覺**，三型人通常不太願意分享自己的感覺，因為他們害怕情緒會影響工作效率，也擔心影響個人的形象，但只有他們接納自己的感受時，才能滿足他們的需求——被認同。當三型人有很好的表現時，可以問問他們的感覺，讓他們看到自己本身的價值，不只是停留在工作成就。**下面是從三型人的角度，告訴你如何與他們相處：**

- 給我明確且合理的目標和獎賞制度，我會依照規範和標準做到最好。
- 我重視效率，也喜歡用有效率的方法做事，與我溝通時最好言簡意賅。我重視結果和實際行動，不喜歡討論過多的過程描述和非重點的事情。
- 我喜歡建設性的回饋，因為有回饋才能讓我更好，但請不要公開討論我個人的能力或表現……，除非是要給我表揚。
- 當我專注在一件事情或一個任務上時，請不要用瑣事干擾我，這只會讓我感到生氣與不滿。
- 我歡迎有志同道合的朋友一起努力、奮鬥、達成目標，但我也會毫不猶豫的摒除影響我們成功的絆腳石。
- 我喜歡階段性的評估與檢討，因為從中可以幫助我瞭解工作成果或調整工作方向。

▶ 三型人相信：「多勞多得，只有做足準備，才能讓別人看到你的優勢。」所以他們喜歡努力不懈的員工，自己也會不斷地學習、成長、改變。

如何與四型人相處

❗ 朋友眼中的四型人

四型人給別人的感覺就如同他們的情緒一樣——**令人捉摸不定**，他們時而熱情，時而冷淡。當他們熱情時，會大談自己的故事，分享自己的感覺；然而，他們很多時候需要遠離人群，整理自己的情緒，或是用一種冷淡的態度面對身邊的人，保護自己的神祕面紗。這時會給人一種可遠觀而不可褻玩焉，或高不可攀的感覺。

一般而言，在朋友的眼中，四型人是個內向、沉默、有深度、有個性、有創意的性情中人。許多人很喜歡四型人敢愛敢恨和坦然直率的個性，四型人不喜歡掩飾自己內心的感覺，對他們而言，與其要裝腔作勢，不如拂袖而去。**下面是從朋友的角度，形容他們認識的四型人：**

· 四型人超有個性的，他們的穿著打扮都很有個人風格；如果我去一個聚會，通常很快就會發現四型人，反正找最有特色的人就對了！

· 四型人很捉摸不定，前一天原本約好隔天下午去唱歌，結果當天 12：00 打給她，她竟然說感覺怪怪的，不想去了。

· 我很喜歡跟四型的人一起做事，她做起事來超投入、超認真的。有一次和她一起安排一個國際會議，她不但把所有流程都顧慮到，還把場地佈置得像仙境一樣漂亮。

· 我認識的四型人是一個很有深度的人，他知道如何將平凡的事物，用獨

▶ 四型人有一種「要呈現最真實自己」的渴望,這個「真實的自己」不一定要最受歡迎或最漂亮,但一定要是他們內心最原始的樣貌。對四型人而言,如果真實的自己是被大家接納的,那會很棒;但如果不是,也沒關係!

特的方式呈現。一次會議中大家分享對領導人的看法，他很快的就用柴
契爾夫人的一句話形容，「當領導人和當淑女其實沒什麼兩樣。如果你
老要提醒別人你是，就證明你根本不是！」

· 我覺得四型人會不自覺地躲避別人的關心，然而他們的內心其實同樣渴
望被瞭解。

❗ 與四型人的相處之道

與四型人相處時，要記得他們是**渴望深度和獨特性**的人，就像是藝術家一般，
一方面希望別人能欣賞他們的作品，另一方面又害怕別人曲解了他們作品的內涵。
因此，注意以下幾點可以幫助與四型人的相處。第一，要給予四型人表達自己想法
或感受的空間和時間。四型人常常無法順利表達自己內心的感受，因為他們內心的
感受多而複雜，但言語卻是貧乏有限的，如果在壓力之下，他們有可能會放棄表達。

第二，要注意表達的態度，**讓四型人感受到自己是被瞭解，且被關心的**。雖然
四型人渴望被瞭解，而且非常害怕被誤解，但他們時常會陷在「世界上無人能真正
瞭解自己」的矛盾中。四型人可能終其一生都在追尋真實的感受，卻始終無法找到，
所以也不相信別人會瞭解他們。當四型人與他人相處時，如果對方稍露出不在意的
態度，或沒耐心的表情，可能就會讓他們回到「沒有人能瞭解我」的內心感受。

最後，雖然四型人會表現出對外在評價不在意的態度，但四型人其實很在意別
人對自己的看法和態度，他們希望別人能看到自己純真美好的一面，並給予鼓勵。
四型人時常會不自覺的看自己較負面的特質和經驗，所以多讚美他們，並肯定他們

▶ 四型人喜歡與人促膝談心，因為與人深層交流是四型人追尋的目標。當四型人遇到信任的人時，會希望能讓對方更瞭解自己內心真正的感受。然而，四型人很容易過度把焦點放在自己身上，反而沒有認真地聆聽對方。

美好的一面，這會對四型人很有幫助。**下面是從四型人的角度，告訴你如何與他們相處：**

- 多鼓勵我、讚美我，跟我講一些正面積極的想法。但不要用像是「明天又會是嶄新的一天」之類的場面話來搪塞我。

- 可以跟我分享一些自己的感受，這會幫助我更瞭解你，也會讓我更願意跟你相處。

- 接納我有時憂鬱的情緒，不要逼我一定要時時開心快樂。

- 欣賞我的深度和獨到的見解。在工作方面，不要給我僵化的規定；給我一些空間，讓我發揮自己的創意。

- 物質上的獎勵是很好，但如果你以為用金錢就可以讓我嘔心瀝血的工作，那是不可能的；不要告訴我：「只要照我意思做，我會給你很好的報酬」。我是可以為了愛情，放棄麵包的人。

Part 5

如何與五型人相處

❗ 朋友眼中的五型人

由於五型人表情變化不多、沈默寡言，且與人保持相當的距離，許多人會感覺五型人有點高傲、冷漠，或不容易親近。在朋友的眼中，五型人像是個**活字典**，工作或學習中遇到問題時，他們往往能夠提供許多相關的資訊。

實際與五型人相處時，朋友們會發現五型人時而多話，時而一言不發，這是因為五型人通常**只願意投入自己有興趣的主題**。比如在一個兩小時的會議中，五型人有可能前一個半小時只坐在一旁，一直到討論他擅長的主題時，才會突然積極發言參與。下面是從朋友的角度，形容他們認識的五型人：

· 我的五型朋友非常喜歡獨處，他們可以連續幾天待在房間裡，看書、聽音樂或做研究，完全不需要與其他人接觸。

· 一開始認識他時，他是個典型的怪咖：前傾的背脊，走路步伐細碎，視線永遠向下 **45** 度；但熟識了以後，發現他其實是個標準的冷面笑匠，常會在出乎意料的時刻，冒出一句讓人噴飯的話。

· 我覺得現代科技發展是五型人的福音，十年前和五型朋友去五天的旅遊，他們會準備一皮箱的書和 **CD**；現在只要有一台薄薄的 **IPAD**，就完全搞定！

· 我覺得五型人其實很悶騷，他們平時惜字如金，但只要碰到有興趣的話

題，就會滔滔不絕地講個不停。

請參照時間表安排談話

	一	二	三	四	五	六
	✕	✕	✕	✓	✕	✓
	✕	✓	✕	✕	✕	✓
	✓	✕	✕	✕	✕	✓
	✓	✓	✓	✓	✓	

〇可約談 ✓研究 ✕上課

根本沒辦法跟教授約談……

▶ 五型人不喜歡別人打擾他們的研究或思考，希望別人能夠事先通知他們，或是依照他們的時間安排。很多時候，五型人完全沒有留任何時間給其他人，而自己卻不知道。

💬 與五型人的相處之道

　　許多人認為五型人不喜歡與人聊天，其實五型人非常願意分享自己知道的事物。與五型人相處時，最好**從他們有興趣的話題開始**，如果你們有共同的興趣，可

以用這個興趣當作話題，你會發現五型人能很快的接上話；如果你不瞭解對方的興趣，可以請他們談談自己的興趣或專業，讓他們知道你對這些主題很有興趣，五型人會很高興有人願意聽他們講話。

另外，**五型人很在意自己的私人空間**，他們喜歡獨立作業，不喜歡非預期的拜訪，特別是在他們工作或看書的時候。如果要與五型人聊天、討論事情，最好能夠提前告知，讓他們選擇談話的時間，以及告知他們大概討論的主題和需要的時間，讓五型人能夠事先安排自己的時間，以及先思考要講的事情。

最後，**不要評斷五型人的專業**，比如說五型人的專業很可笑，或沒有意義。對五型人而言，他們的專業代表著個人的能力，你也許可以取笑他們的穿著不當、房子簡陋，但批評五型人的專業會讓他們產生極大的反感。**下面是從五型人的角度，告訴你如何與他們相處：**

- 一些簡單的關心和問候，會讓我感到很開心，即使我外表表現得很冷酷，但內心是很溫暖的。

- 在會議之前，最好能讓我知道所有的討論議題、工作內容、與會人員等資訊，這會幫助我更加投入會議當中。

- 討論事情和閒聊八卦是不可混淆的，我喜歡直接、明確，以及精簡的專業問題，但我討厭涉及個人私隱的問題。

- 要分派任務給我時，最好能給我充足的時間準備，讓我安排自己的時間，以及準備相關的資料。

- 數據是我最相信的資料，要讓我相信你說的話，就準備讓我信服的數據資料。

▶ 與五型人討論的時候,要記得他們通常需要較長的時間思考和整理資訊;當五型人的思考被打斷時,有可能會非常的生氣。

Part 6
如何與六型人相處

⚠ 朋友眼中的六型人

在朋友眼中，六型人是個**誠實、穩重、可靠、有責任感**且心地善良的同伴。六型人通常有很好的人緣，因為他們細心體貼，且願意關心弱勢成員。

與六型人相處時，朋友們會發現他們不太容易相信他人。因為六型人認為人際關係是複雜的，通常需要透過較長時間的相處，才能與別人建立互信的關係。另外，由於六型人慮事周全，做決定時，他們往往非常需要朋友的支持和鼓勵，這有可能讓對方感到壓力，造成彼此的衝突。**下面是從朋友的角度**，形容他們認識的六型人：

- 在公事上，他是我見過最認真、最負責的工作夥伴；在私底下，他是我最可靠、最值得信賴的好友。人生得一知己，死而無憾啊！

- 我的六型人朋友時常提醒我，「小心駛得萬年船」，雖然我有時會嫌她太過囉嗦，但她真的幫我避過許多不必要的損失。

- 我覺得六型人很不適合做主管，每當要做決策時，他總是不停地問我們的想法，等我們全部講完後，他可能還無法做出一個有效的決策。

- 六型人是很體貼的人，他們做事之前，會把一件事情從各個角度仔細思考分析過，所以在做事時，會非常面面俱到。

- 六型人簡直就是掃毒軟體，只要一有危險靠近，他們就會馬上警覺，風險管理部門有六型人在就絕對沒問題啦！

❗ 與六型人的相處之道

與六型人相處時，要記得**他們最重視安全感**，無論在工作中或與人相處時，他們都期待身旁的人（或是相關制度）能夠維護他們的安全。因此，如果要與六型人有良好的合作關係，彼此的信任是最重要的要素，不要誇大危機，也不要隱藏可能出現的麻煩，坦白和樸實是六型人最喜歡的態度。

第二，**多表達肯定的態度和想法**。一位六型人分享：「其實很多時候自己的內心已經浮出了一個決定，但就差那麼臨門一腳，只是希望身邊的人能給予肯定，讓自己可以安心的去做。」簡單的鼓勵和支持，都會幫助六型人慢慢建立堅強的信心。

最後，**不要擴大六型人的負面反應**，比如六型人質疑對方不負責、不夠盡力或沒有警覺性等。在這種情況下，六型人的腦中也是陷入一個僵局，他們會不斷問自己，「我做的是對的嗎？」、「要相信自己還是對方？」、「如果發生更糟的狀況怎麼辦？」給六型人一些時間，讓他們表達內心的情緒和焦慮，再幫助他們重新建立對自己和他人的信任感。**下面是從六型人的角度，告訴你如何與他們相處：**

- 「言行一致、說到做到」是最重要的事！我會不斷觀察對方是否值得信任，當你言行相同時，我才能知道你是有信用，且值得信任的人。

- 當我表達擔憂和顧慮時，不要告訴我：「這沒什麼好擔心的！」這會讓我懷疑你是否有認真思考；告訴我：「這的確是一個值得思考注意的問題，你覺得要怎麼處理呢？」

- 如果我無法下決定時，給予我支持和鼓勵，我會需要一些時間思考和釐清各種問題的可能性，不要逼迫我做決定。

・當發生問題時，直接告訴我事情或問題的原貌，不要誇大原有的事實，我要理解問題的產生原因，也會設法幫忙解決。

・我喜歡團體一起努力完成工作的感覺，但我希望團體的每一分子，都要和我一樣認真、一樣盡心盡力付出。

各位大家好，
我是接下來三天的講師……

你是誰？你是什麼職位？你是
專業的嗎？你的老闆是誰？你
的老師是誰？

▶ 六型人的內心容易出現許多質疑的聲音，特別是針對命令他們做事的人或教導他們的老師；與六型人相處時，最好先讓他們知道自己的權威性和正當性，這會讓六型人感到安心和放心。

Part 7

如何與七型人相處

❗ 朋友眼中的七型人

七型人通常給人**活力充沛、樂觀積極**的印象，他們是團體中的點子王或人氣王。大部分的七型人都很受朋友們的歡迎，因為他們涉獵廣泛，容易打開話匣子，且為人豁達，不會跟人斤斤計較。

然而，與七型人聊天或相處時，朋友們最常發現他們有分神、岔題的狀況。因為七型人習慣跳躍性思考，有可能一個主題還沒討論完，他們就又展開另一個新主題，讓對方突然摸不著頭緒。更嚴重的情況是，七型人容易打斷別人說話，讓對方感到不被尊重，認為他們沒有專心聆聽。**下面是從朋友的角度，形容他們認識的七型人：**

- 當我想要出去玩的時候，我想要找七型的朋友，他通常可以告訴我哪裡有好吃的、好玩的。

- 當我覺得沮喪的時候，我想要找七型的朋友，他通常有辦法逗我開心，即使是說很冷的笑話。他總是能用很正面的態度去看生活；跟他在一起，讓我也能感受到光明的一面。

- 我覺得七型人時常言行不一，會議中信誓旦旦地表示絕對要完成手中計畫，但實際操作時，卻往往不見他的蹤影。

- 他的行動力往往出乎我意料，我花了五年的時間計畫出國遊學，他竟然

三年內已經出國唸完一個學位回來了！

・ 七型人涉獵的東西真的很廣，跟他聊天，可以從各國美食美酒，聊到各
　　地風景名勝，甚至連人生哲學他都講得頭頭是道，實在太有趣了！

❗ 與七型人的相處之道

　　與七型人相處時，要記得一件事——**他們最害怕被拘束或無聊**。無論是工作上
的運作，或私底下的閒聊，他們都期待過程是有彈性的。因此，如果想要七型人完
全依照規定，按部就班地做好一件事情是比較困難的。一種讓七型人願意遵從規範

▶ 在討論事情時，七型人會天馬行空的思考，他們喜歡丟出各種創新的想法。好玩和新鮮的想法，是讓七型人行動的動機。然而，當大家提出太多細節性問題，或負面的意見時，會讓七型人對原本的提案熱情消退。

的方式，就是讓七型人自己擬定工作規範，讓他們感覺是在完成自己的想法，而不是遵照別人的規則。當然假設這個專案的初始計畫，是七型人一手構想出來的，這會讓他們較有意願遵從規定，但如果在過程中，你把每個環節都盯得很緊，還是有可能把七型人逼跑。

當七型人從事一項計畫或參與一個活動時，他們會問自己這個計畫或活動是否能帶來快樂。當他們認同時，就會拚命工作或積極參與；如果強迫七型人給予一個長期的承諾，反而會讓他們感到恐懼。七型人認為：「只要我答應你了，我就會盡力依照計畫達成，但我不能確定中間是否有什麼難以抗拒的變數。」七型人希望能保有一些選擇空間，即使計畫已有 90％確定，他們仍會為了 10％的自由空間而抗爭。

▶ 當七型人對一件事情的熱情消退時，他們會開始想其他方案的可能性。他們認為：「與其那麼累去解決那些問題，不如想想其他方案，既然方案 A 不行，我們就做 Z 吧！」他們用這類的話是來說服自己與他人，讓大家不用陷入問題的困境中。

另外，七型人永遠會為自己找到一個合理的理由離開手邊的事情，或終止進行中的談話。「合理化」的方式，讓七型人確保自己的行為是可接受的，這樣他們就不會被他人批評；即使受到責難，他們也不會感到自責和難受。因此，當七型人想要合理化自己的不專注時，可以試著用相同的合理化方法，刺激他們用不同的角度思考，讓他們看到堅持手邊工作的好處。**下面是從七型人的角度，告訴你如何與他們相處：**

- 問我意見時，最好保持開放的心態，因為我會給你們很多新鮮且與眾不同的想法。
- 欣賞我的創意和想法，不要輕易告訴我「不可能」。我認為只要去嘗試，就會找到可能性。
- 保持笑容和樂觀性，不要一見面就愁眉苦臉的，開心點！
- 如果真的要否決我的想法，告訴我一些其他可能的選項；至少讓我覺得還是有選擇的。
- 討論事情或給我建議時，最好長話短說；我喜歡聽重點，太多的解釋會讓我覺得浪費時間。
- 我喜歡作整體方向的構思與規劃，因此時常需要有人幫我注意細節和操作上的困難點。

如何與八型人相處

ⓘ 朋友眼中的八型人

八型人給人**坦白直率，說話不拐彎抹角**，做事不拖泥帶水的印象，當他們遇到自己喜歡的事物，或嚮往的目標時，會願意不惜代價的堅持完成；即使他們遇到了讓人難以接受的困境，也會設法以快刀斬亂麻的方式找到一個結果。

一般而言，在朋友的眼中，八型人是**天生的領導者**，他們擁有領導者需要的魄力和勇氣，讓身邊的人願意為他們做事。但與八型人合作時，朋友會發現他們沒有太多耐心聽別人講話，也不太容易接納他人的意見，溝通時常變成單方面的指示，而非雙方面的協調討論，這會讓對方感到挫折和不被尊重。**下面是從朋友的角度，形容他們認識的八型人：**

- 我的八型朋友非常敢怒敢言，他常常敢說一些我們都不敢表達的事情，尤其是遭受別人不公平對待的時候。跟他在一起，讓我越來越敢表達自己的意見和想法。
- 我覺得八型人就像一個船長，只要上了他的船，他一定會努力保護船員的生存權，並且努力滿足船員的需要。
- 我跟她合作的時候，一定會秉持直言不諱、想什麼說什麼的態度，因為我發現如果不這樣做，她就會感到不舒服。
- 我覺得八型人做事很急，而且不太理會別人的感受，我常常都會被他們

的表達方式嚇到，即使我知道他們沒有惡意，還是會感到不舒服。

‧ 我很喜歡跟八型人一起做事，八型人是很有效率的主管，他們做事有主見，也很實際。開會時，他們總是切中重點；分工時，他們知道如何分配任務，因為他們很清楚需要對方做哪些事情。

‧ 如果他有多一點耐心聽我們的表達、多尊重我們的做事方式，我會更喜歡與他相處。

與八型人的相處之道

與八型人相處時，要記得他們是不害怕衝突的。越是強大的力量，越會激發他們想反抗的鬥志，因此要盡量**減少與他們直接衝突**。當雙方意見不同時，讓八型人先表達他們的意見或情緒，再告訴他們你所遇到的困難，問他們有沒有什麼方法可以處理，別忘了八型人有很強的問題處理能力。

第二，**要表達自己的意見或想法**。完全地順從八型人，不但不會增進彼此的關係，甚至無法得到八型人的尊重。八型人為人直爽，也喜歡直接坦白的溝通模式，如果你隱藏了自己的想法，有可能被認為不真誠，或沒有講出意見的勇氣。冷靜的把想法告訴八型人，你會發現八型人是非常講道理的。

最後，八型人通常不善於表達自己其他的情緒（除了憤怒的情緒以外）。不要逼迫他們表達，但要**提供一個讓他們感到舒服和信任的環境**。當他們感到安心時，自然會表達內心的感受，這也是與八型人建立良好關係的關鍵。**下面是從八型人的角度，告訴你如何與他們相處：**

▶ 八型人屬於急性子,他們不害怕做決定後的
   責任,但害怕面對猶豫不決的人。猶豫不
   決的狀況常常會讓八型人氣得兩腳直跳。

- 我最討厭看到那些放棄自己權利，以及不努力替自己抗爭的人；為自己挺起身來，就算失敗了，我也會尊敬你。

- 當你們聽到我說話很大聲，看到我大發雷霆、跺腳敲桌時，請記得，這只是我習慣表達情緒的方式。

- 我不需要逢迎諂媚的話，或無法完成工作的理由，我只想要聽到成果和結果。

- 直接告訴我你想要的東西或內心的感覺，拐彎抹角或扭扭捏捏的態度都會讓我很不舒服。

- 接受我用肯定、果斷的方式表達，不要以為我是針對你們的，很多時候是我想不到有其他更好的表達方式。

▶ 八型人不喜歡被規範限制，希望能用自己的方式完成任務。當他們聽到規定時，會不自覺地想要打破常規，一方面想要證明自己的能力，另一方面也想要建立自己的遊戲規則，讓別人聽從他們。

如何與九型人相處

❗ 朋友眼中的九型人

「**友善與親和**」是九型人給朋友的一般印象,他們往往是朋友心目中的好好先生或好好小姐。由於九型人不怕吃虧,也願意配合大家,他們通常有很好的人緣,或成為團體中的人氣王。

與九型人相處時,朋友時常會發現九型人心不在焉,或是有恍神的狀態,他們可能表現得很願意溝通,卻只發表很少的意見;或者表現得非常投入,但實際上腦中卻是完全放空。因為九型人常常躲在自己想像的世界裡,在那裡才能滿足他們期待的平安與和諧。**下面是從朋友的角度,形容他們認識的九型人:**

- 我認識的九型人是個大好人,我從來沒聽過他說 NO,也從來沒看過他生氣,我只能說:「九型人的 EQ 實在太好了!」
- 跟九型人一起開會很有趣,每次要投票選擇執行方案時,每一個方案她都會投贊成,而且都能說出支持的理由。
- 每次我有煩惱或問題時,我的九型朋友都會不厭其煩的聽我抱怨、訴苦,而且他都能發現我沒注意到的面向。
- 九型人平時看起來脾氣很好,但他發起脾氣來是不鳴則已,一鳴驚人,我們公司的同事就曾被他嚇到過。
- 我覺得九型人有一種平和的親和力,跟他們在一起,完全沒有被拘束的

感覺，就像是跟家人相處一樣的舒服與自在。

▶ 當討論遇到僵局時，九型人通常不會表達太多的意見，他們希望雙方能和平共處；當雙方產生共識時，九型人才比較會有行動的力量。

❗ 與九型人的相處之道

與九型人相處時，要記得**他們非常在意相處氣氛**。一個溫馨舒服的環境，會讓九型人更願意積極投入。在生活或工作當中，如果牽涉到比較敏感的問題時（比如人際間的衝突，或是工作態度的差異），**不要逼迫他們改變**，這只會造成反效果。可以先處理必須改變的部分，當九型人看到事情平順發展時，他們會調整自己的腳步來配合你。

第二，**不要讓九型人感覺被排擠**。當然，沒有人喜歡被排擠，但這對於九型人是更有殺傷力的。九型人非常在意自己的人際關係，在工作中，他們可能把 80％ 的精力都放在人際關係上，他們認為只要有良好的關係，就能維持團體的和諧。所以當他們感到被排擠時，不只是失去了一些友情，更否定了他們一直努力的成果。

第三，**九型人不善於表現自己**。在團體中，他們通常非常低調，不會讓其他人注意到他們，但其實他們非常想得到別人的認同。因此，讚揚九型人會拉近雙方的關係，讚美也會讓九型人更敢於表達自己的想法，以及展現自己的長處。**下面是從九型人的角度，告訴你如何與他們相處：**

- 我喜歡大家多表達自己的意見和需求，當我聽到大家的想法時，我才能整合大家的意見，找到合適的方案。

- 如果你認同我做的事情或表達的意見，可以直接告訴我，這會讓我更肯定自己的行動。

- 多觀察我的行為，我不一定會表達內心的想法，但我的行為會反應內心真正的態度。

· 只要大家保持冷靜、平和的態度,任何工作都能夠有效地完成。

· 不要逼迫我做決定,也不要強壓性的給我命令,這只會讓我在內心產生
　更大的反抗。

▶ 與九型人相處時,時常會有「急驚風遇到慢郎中」的感覺,他們很少會趕著完成某一件事情,
　因為九型人對事情都是隨遇而安的態度,希望凡事都能慢慢做。

Part 10
破解九種性格類型的溝通祕密

很多人會問：「是不是某幾種型態組合特別容易合作？」、「是不是某幾種型態組合較易成為男女朋友？」的確，由於某些型態的做事方式，或追求的事物比較類似，雙方一開始可能會感到特別有默契，如同覓得知音般。然而，如果沒有相互瞭解、良好溝通，這些默契只會曇花一現，爭執很快就會產生。

在企業招募時，很容易出現這樣的情況——「招募了太多相似的員工。」雖然可以幫助提升團隊氣氛，卻無法達到最好的工作成果。例如：當公司多數員工都是往前衝的三型人和八型人時，很容易疏忽後勤工作，或忽略外在的威脅，以致於全軍覆沒。

因此，我們需要學習「**如何與不同性格型態的人相處**」，而不只是「判斷對方的型態，選擇容易相處的人」。以下將列出每種型態在相處上，比較容易遇到的狀況，幫助我們培養更好的能力，與各型各色的人相處。

一型人對於個人原則的堅持，會影
響他們的做事方式與溝通方式。如果兩個一型人對於一件事情的看法和觀點類似，簡單來說，就是如果兩個一型人能達到共識，那麼這兩個人做起事來，不

但會有效率，也有效能。兩個高標準的一型人合作，一方面可以減輕對方工作量；另一方面，一型人也會喜歡與一個「可靠」的人共事，這讓他們可以專注在自己的事情上，不用浪費精力對對方的工作「品質控管」。

相反的，如果兩個一型人沒有共識，兩人相處時，會花費很多的時間與力氣去「抗爭」，抗爭正確的目標、最好的品質、最有效率的方案……。一型人不喜歡妥協，因為妥協對他們來說，就等於要承認自己的不完美。因此我們會看到一型人最終的戰爭還是在於自己對於好壞的堅持。比如一個認真負責的一型秘書，她深信自己長時間的加班和細心的態度，一定會得到她一型老闆的認可，以及適當的獎勵，但一型的老闆卻認為秘書所做的一切都只是份內的工作，所以沒有給予任何特殊獎賞。如果這個認知差異沒有妥善處理，就有可能在兩個人的相處中，埋下一個很大的地雷。

一型人對於外在規範非常的堅持，他們認為規定是最高準則，也希望能把標準白紙黑字寫出來讓大家清楚；然而，二型人則是傾向於因時至宜、以人為本，他們認為要先照顧好人，才能把事情做好。在面對問題時，**一型人通常是依照法、理、情的順序；而二型人則是傾向情、理、法。**

一型人和二型人的內心都想幫助他人，或讓別人有更好的生活，但他們的方式和態度卻截然不同。兩種型態的人可能都覺得自己清楚對方需要被幫助的

地方，他們常常會說：「我知道你需要的是什麼！」但一型人的方式是制定一個詳細完整的方案，讓對方知道如何改善自己；而二型人則是會不斷的關心，用鼓勵的方式，讓對方感覺被愛，找到力量。這樣的差異，很多時候會造成雙方工作時的矛盾，因為二型人會用比較彈性的態度看待外在規則，他們會因為個人因素，如：能幫助他人或更好的服務，不惜改變既定的標準，這卻會讓一型人感到惱怒不止。

如果兩種人能相互學習，他們可以營造出絕佳的工作環境。 一型人將理解以人為本的重要，會開始考慮到他人的感覺，這會幫助一型人制定更人性化的規範，也更能令他人喜歡、願意遵守規定。當二型人學習到尊重規範，維持相同的標準時，二型人做事會更客觀、更有效率，也會讓其他人更尊重他們。

一型人和三型人都很有行動力，對於工作的態度也很相似——**想要把事情做到最好**。做起事來，兩者都會像拼命三郎般，欲罷不能。當他們能順利合作時，工作績效會相當高，不但顧及產能，也照顧到品質。

一型人就像是品管部門，重視效能——把東西做到最好；**三型人則是業務部門，重視效率**——把績效達到最高。一型人和三型人最容易產生的爭執很容易理解——一型人批評三型人過於急功近利，忽略把事情做「對」的重要；三型人會責怪一型人過於吹毛求疵，太理想化。三型人常說：「我也想把事情做

對，但執著在這些不重要的小細節，會影響整個公司的營運，我們要盡力讓工作持續進行下去。」

　　雖然如此，三型人和一型人大多時候都很欣賞對方，尤其是對方認真的態度。他們通常能夠相互支持，並用自己的長處彌補對方的不足。三型人目標導向的態度，可以幫助一型人在工作中踩煞車，跳出追求絕對完美的迷思；一型人對品質的堅持，也可以讓三型人免於過度浮誇或言過於實。

　　一型人和四型人都是完美主義者和理想主義者。然而，**一型人的完美是客觀、可評量的**，通常是依據一定的標準而定；**四型人則相反，他們心中的完美是主觀的**，可以隨著感覺的不同而變化，有時會令人難以捉摸。

　　在工作上，兩種人對於自己心目中的標準都相當堅持，他們都希望自己的工作能做到無懈可擊。雖然他們通常清楚自己對完美的期待，但憑著有限的言詞，他們時常無法確切表達自己的想法，這會造成雙方工作上的困擾。當其他人不能達到他們的要求時，即使是面對問題較為退縮的四型人，也會為此而批評對方，就像是一型人一般。對一型人和四型人來說，要妥協工作的標準，就像要放下自己的尊嚴一樣難以接受。

　　在評斷一件事情的好壞上，一型人和四型人特別容易產生衝突。一型人認為，如果能依循規定，按部就班的完成，沒有任何缺失，那這個工作應該就是

美好的，所以他們會特別在意流程和規章。四型人卻認為事物的美好不在於工作是否完美無缺，整體呈現才是重點，所以他們會願意在規章上有所妥協，以達到最好的結果。

然而，四型人在工作上往往需要一位一型的助手或夥伴，因為一型人能夠將四型人豐沛的創意用實際工作呈現出來；一型人對於準則、方針、系統化的要求，剛好可以彌補四型人在工作中的不足，讓他們能夠按時完成工作。

在工作上，一型人和五型人有很多雷同的地方，**兩種型態的人都非常仔細、都重視數據和理論、都會用理性的態度面對問題、用嚴肅的態度看待生活**，也都願意分享自己的知識或理念。

兩種型態的人都可以成為優秀的老師，很多一型人和五型人也會相互成為對方的良師益友。

面對問題或不同的意見時，一型人比較堅持自己的原則，會比較強制性地要求對方，因為他們覺得自己有責任要幫助對方改變；五型人則不一定，除非是涉及他們專業領域的知識和工作，他們不太在意別人的行為和態度。

當雙方缺乏共識時，一型人想要糾正他人的行為，以及追求細節的態度，這會讓五型人感覺自己的專業性受到侵犯；五型人通常會用冷漠的態度回應一型人的批評，這會讓一型人更加不滿與生氣，因為無法感受到對方的責任心。

因此，這兩種型態合作時，需要先**建立雙方對於基本規範和做事程序的共**

識。當雙方取得共識時，他們能夠合作得很愉快且很有效率。一型人和五型人一起做事時，會在做事前做好詳細的規劃，也會尊重訂下的規則。一型人不喜歡犯錯，凡事追求完美，五型人也喜歡完美地呈現自己的專業性。

在工作中，一型人和六型人擁有相當多的共通點，因此很容易混淆。**兩種型態的人都喜歡凡事講清楚說明白，喜歡有明確的規矩或規範，喜歡事情黑白分明、敵我分明；**他們非常重視細微末節，尤其是任何有問題或不完美的部分，也容易給人雞蛋裡挑骨頭或鑽牛角尖的感覺。

六型人找尋可以信賴的人或事，一型人則尋求能夠與他們原則相符的夥伴，如果一型人和六型人擁有相同的目標或方向，很容易成為志同道合的夥伴，一起為相同的目標努力。這兩種型態的人一旦下定決心後，會不惜犧牲自己的休閒時間或舒適的生活，不斷地努力堅持，直到完成為止。

然而，當一型人和六型人產生了衝突，或雙方缺乏足夠的信任感時，時常會相互指責對方，雙方僵持不下，甚至造成一拍兩散的結果。因此，**有個第三者成為他們之間的潤滑劑，是很重要的。**這位第三者可以用主動積極的方式，帶領他們先達到一個短期結果，再重新檢視合作中的問題，或幫助他們各退一步，沈澱自己的想法，找到更有效的合作模式。

七型是一型人的成長方向,所以從某些角度而言,一型人和七型人是相似的,**他們都是理想主義者,也都各自有所堅持。一型人堅持自己的願景與理想;七型人則堅持對於某一件事的熱**情。

當兩人開始共事時,有可能對於要做的事都充滿期待和興奮感。七型人對於尚未發生的事情充滿期待、對於有新的事情可以做感到興奮;一型人則是期待無缺失地完成工作,他們喜歡徹底完成一項工作的感覺。在工作當中,一型人可能會對於七型人的忽略細節、粗心大意,或天馬行空的態度感到氣憤;七型人則會對一型人的不知變通、錙銖必較,或嚴謹守份感到無法忍受。

當雙方能互相瞭解時,一型人與七型人能產生絕配的組合,許多公司、團體中,對於這兩種人的合作都感到讚嘆不已。七型人有許多冒險創意的想法,但他們需要一型人可靠的資料,並將想法付諸實行,按時完成。

一型人是九種性格類型中最尊重規範,也最嚴守紀律的人;八型人則是九種性格類型中最會打破規範制度的人。對一型人而言,「德性」是一個人最強的後盾;八型人則認為,擁有足夠的「權力和力量」之後,才能談德性。

　　八型人和一型人在工作上很容易產生衝突或爭執，這兩種型態的人都非常堅持己見，當事情不如他們心中預期時，都容易感到憤怒，並且希望能改變現狀。一型人喜歡設定清楚的程序與標準，讓自己與他人都能依循此準則行事，然而八型人看到規範、標準或程序時，會不自覺地想要挑戰其權威性，就像是貓遇到老鼠一樣。

　　除此之外，兩種型態的溝通模式也大異其趣，八型人喜歡直來直往的相處方式，一型人卻是時時注意自己的行為舉止，希望雙方都能符合適當禮儀；八型人會認為一型人過於矯揉造作，而一型人則認為八型人過度粗暴無禮。

　　然而，**一型人和八型人都有相當好的執行能力，如果他們能學習溝通合作，會產生互補的效果。**一型人的規範制度會幫助八型人做事更穩健、更懂得自我節制，發揮更大、更持久的影響力；八型人勇於突破規範的行事風格，則能幫助一型人跳出思考的框框，用更寬廣、更多面的方式思考，找到更全面、更完美的準則。因此，八型的主管可以學習尊重一型人的原則，而一型的主管可以學習給予八型人足夠的空間和權力，讓他們自己設定規範。

　　一型人善於設立規章制度來處理問題，九型人善於附和他人來協調問題；一型人做事有條有理、主動積極，九型人做事隨緣隨性、願意配合。

　　一型人和九型人都擁有憤怒情緒的問題（雖然九型人很少表現出他們的不滿），當一型人遇到九型人時，很容易

因為相互不理解，而產生一種惡性循環的情況：一型人努力糾正其他人的錯誤，九型人則會努力配合或從中協調，維持和諧的氣氛。然而長時間的指責或批評，會讓九型人行動力越來越低，這時講求專注紀律的一型人會設法要求九型人改進。因此，一型人越是求好心切，越會把九型人推進他們的堡壘裡。九型人需要彼此接納、相互欣賞的工作環境，當他們面對衝突或改變時，需要時間處理自己的情緒，並且瞭解這個改變是否值得，是否能幫助整體的環境。

如果雙方能相互合作，一型人有效的規範制度，能幫助九型人解決許多他們不願意面對的問題；而一型人也能從九型人身上學習放鬆和同理他人的感受，並能更有效地與他人合作。

二型人喜歡幫助人，得到對方的注意，所以會努力成為主管的得力助手。 當兩個二型人一起做事時，很有可能為了要贏得主管的關注而爭寵，造成彼此的勾心鬥角，因此從屬關係以及工作的分配非常重要。

如果二型人清楚知道自己主要服務的對象，他們就能夠各司其職，將自己的工作做到最好。比如，一位成功的二型主管與一位優秀的二型助理合作，他們的權責則非常清楚，二型主管要對他的上一層主管以及相關客戶群負責，二型助理則是要負責這位主管的相關工作。這時，兩個注重人際關係的二型人，能夠建立良好的團體氣氛，因為他們相互知道彼此的需要，也能夠有效滿足對

方。

　　當二型人擔任主管職務時，他們不會吝嗇展現自己的權力和影響力。二型人喜歡被其他人需要的感覺，因此會讓下屬知道自己的力量，並歡迎下屬找他們幫忙。然而，二型人時常過度關注在人的需求上，而忽略了公司的制度和方針，因此兩個二型人一起工作時，**要注意工作的目標和時限**，才能真正幫助到員工與公司。

　　三型人的做事動機與二型人大不相同，**對二型人而言，任何事情或工作都是為了「人」**，二型人希望能增進他的人際關係網絡；**三型人則是希望藉由工作成果**，**實現個人目標**，並能得到個人財務、身分地位或外在形象的改變。

　　二型人和三型人可能會為了某個決策而產生很大的問題，三型人可以為了達成目標，忽略個人或他人的感覺，甚至犧牲他人的需要。然而這種態度，很容易處碰到二型人的地雷，尤其當被忽略者是他們的好友時。

　　然而我們時常會看到二型人和三型人成為一個優秀的團隊組合，因為兩種型態都是行動力強的人；兩種型態都很重視別人的看法和態度，希望做好某些事情，以得到人的注意或讚賞；兩種型態都是有效率且做事條理分明的人。二型人時常會成為三型人不可或缺的夥伴或助手，當三型人專注在事務處理和目標達成時，二型人則會注意到主管、同事、客戶、員工或三型人的需求，主動提供幫助或服務，讓整體運作更周詳。

二型人和四型人都以情感智能為主要中心，因此兩個型態都相當注意人的**情緒和感覺**，也可以為了人際關係的需求而改變原有規定。二型人關注別人的需要，設法滿足他人需求，並且希望別人能夠依賴他們；四型人在意自己的內在感覺，希望透過分享和相互瞭解，展現自己的獨特性，並與人建立深層的心靈聯繫。

這兩種型態之間有著微妙的關係，四型人一方面嫉妒二型人擁有廣大的人際關係網，另一方面卻認為二型人對人的關心流於表面，不夠深入；二型人則羨慕四型人獨樹一格的強烈特色，且能深入人心，另一方面卻認為四型人過度沈醉在自己的情緒裡，不能適時關心他人。

四型是二型人的成長方向，兩個型態之間都有互相值得學習的部分。四型人的自我關注和自我瞭解是二型人要學習的，二型人的主動關懷和付出是四型人要加強的。**如果雙方能互助合作，一方面能幫助自我成長，另一方面也能帶給他人更全面的關懷。**

二型人和五型人看似完全無法合作的兩個性格型態。**二型人以人為本，喜歡與人接觸、閒話家常；五型人以事為本，喜歡獨自研究或思考。**二型人喜歡建立人際網路、喜歡被他人依賴的感

覺；五型人不喜歡與人有太多接觸，討厭依賴他人，也討厭被他人依賴。

當這兩種型態的人合作時，需要注意彼此的界線。二型人喜歡跟人聚在一起討論事情，增進人與人之間的關係，但五型人寧願在自己的辦公室裡想出解決方案。所以二型的主管需要找到自己和對方都能接受的方式，比如：二型主管可以先準備好足夠的資料，與五型人見面交代相關資料或議題，和需要思考的方向，接著讓五型人能有足夠的時間和空間，思考自己的想法或感覺。這樣二型人能夠有機會與五型人面對面接觸，五型人也能獲得足夠的個人空間。

五型的主管時常會把二型人當作自己的發言人或貼身助理，因為二型人對內會幫他們安排個人需要，對外會幫他們處理人際關係問題。這樣五型人就能夠專注在自己有興趣的專業領域裡，而二型人也能感受到五型人對他們的依賴。

其實兩種型態擁有一個相同的問題——不太會表達自己的需要。二型人努力呈現溫暖且樂意助人的一面，表現出自己完全不需要任何幫助；五型人則是努力展現自己聰明且充滿智慧的一面，設法減低個人需求。**兩種型態在一起，可以學習「相互依賴」**，唯有體會相互依賴，才能幫助他們更加成熟、快樂。

二型人和六型人都喜歡聆聽他人的**想法和意見**，都希望自己所做的事情是對團體有幫助的，也都會努力建立一個相互支持鼓勵的工作環境。然而，這兩種型態的做事風格有相當大的差異。二

型人下決定的速度較為果斷，六型人則較易猶豫不決，認為凡事都要三思而後行。二型人希望盡快瞭解對方的需要和想法，六型人則希望先建立關係，再表達內心想法；二型人做事以人為優先考量，六型人則以工作準則和規範為優先考量。

當這兩種型態的人合作時，需要有良好的溝通管道。六型人的猶豫不決有可能會讓二型人感到沮喪，因此六型人需要清楚告訴對方自己的想法，並給予對方一個時限，讓對方知道什麼時候能夠得到答案。二型人有時為了維持人際關係，改變原訂的規範和計畫，這會讓六型人懷疑對方的誠信，且感到不安。因此二型人需要讓六型人清楚每個決定的原因，並提供充足的資料，讓他們相信這個決定的可信度。

二型人 VS. 七型人

二型人和七型人都是行動力強的人，他們充滿了活力，也會用樂觀的方式看待身邊的事物。在團體中，這兩種型態的人都很討喜，二型人運用他們敏銳的觀察力，觀察身邊人的需要，並適時提供協助；七型人運用他們聰明的頭腦，提出許多充滿創意的想法。然而，兩種型態的人都習慣用正面樂觀的態度面對問題，他們大事化小、小事化無的態度，很容易忽略解決問題的時機，而造成更嚴重的後續反應。

這兩種型態的人可以組成一個相當優秀的團隊。二型人以人為優先考量，重視顧客的想法，七型人以事情為優先考量，重視創新的作法；七型人渴望新

的經驗，因此會帶領團隊不斷向前邁進，二型人則希望能夠顧慮到每一個人的需要，因此能夠做好團隊的後勤補給。在故事《彼得與溫蒂》中，小飛俠彼得潘和溫蒂的關係就像這樣，彼得潘像是七型人，永遠不想長大，一直往外跑，而細心體貼的溫蒂，則會照顧好彼得潘的需要。

由於雙方不同的做事方式和態度，往往需要更多的溝通和尊重，七型人要記得二型人比較踏實的方法，和以人為本的做事方式，當對方無法理解你的想法時，七型人要耐心的解釋，讓對方看到實際且能幫助到他人的一面；二型人則要給予對方足夠的空間，讓七型人能夠自在的飛翔。

二型人和八型人在工作時，有許多雷同之處，**這兩種型態的人都喜歡掌控**。八型人要掌握整體的操控權，二型人則要掌握別人的需要；兩種型態的人都不太在意外在規範，八型人以自己個人的權益為規範，二型人以他人的需要為規範。兩個型態的人都能建立廣大的人際網路，八型人依賴他豐富的資源和權力，二型人則依賴他的友誼和人脈。

當雙方產生衝突時，兩種型態很容易僵持不下，都不願意退讓。然而，當兩個型態的人能相互理解時，這兩種型態將擁有很強的動能朝目標邁進，二型人會專注在人的需求上，努力滿足顧客、主管或員工的需要；八型人會運用他的魄力和執行力，把負責的事情一一完成。

二型人是八型人的成長方向，他們都能從對方身上學習到自己欠缺的工作

態度。**二型人能從八型人身上學到完成工作的執行力，八型人能從二型人身上學習服務別人、關心別人的態度。**

　　工作上，**二型人和九型人都是人際關係導向**，兩種型態都會注意對方的需要和情緒，也都會設法配合對方。當這兩種型態的人一起工作時，通常會建立一個**以人為本**的工作環境，並營造出和諧溫馨的工作氣氛，但有可能因為過度順從對方或員工而降低了工作效率。

　　相對於九型人，二型人較為主動積極，當二型人看到對方的需求時，通常會主動提供協助；九型人則希望對方能主動提出需求，再予以幫助。因此二型人有時會對九型人遲緩的行動感到不耐煩，九型人則會認為二型人侵犯了自己或他人的自主權。

　　當二型人和九型人合作時，要注意工作目標和工作時效。九型人善於觀看長期、整體的策略，以及建立團隊運作系統，二型人則較會關注當下的需求，處理具體的事物。如果二型人能夠幫助九型人釐清工作的先後順序，去除一些較不可行的建議，會讓九型人的工作效率大增；九型人的整體性思考，也能幫助二型人避免過度關注於某一些特定的人，而忽略了整體的需要。

兩個三型人一起工作時，能夠產生極大的產能，他們會組成最有效率和最高績效的團隊。當三型人確定目標後，他們不會因為外在事物分心，而會完全的投入這項任務，並將所有精力用在達成目標上面。通常一個成功的三型老闆會吸引另一個三型的員工，三型的老闆會給予明確的目標和獎勵制度，讓員工知道為何而戰，以及如何贏得勝利。

通常三型人的特質非常受到企業的青睞，所以三型人的團隊是在企業中最容易看到的。但三型人一起工作時，很容易造成惡性競爭，因為三型人會不自覺地想要贏過對方，拿到第一名。在許多業務團隊中都很容易發生，為了提高個人業績而勾心鬥角，反而影響了公司整體業績與團隊氣氛。

因此，**建立團隊目標以及團隊共識，對於三型人的團隊格外重要。**三型人的團隊必須要能給予每一位成員足夠的發揮空間，並讓每一位三型人都感受到自己的成就和成功，他們才願意尊重團隊。當三型人能夠相互溝通、合作時，他們會運用競合力，藉由競合創造出不同於以往的嶄新價值。

三型人和四型人對於工作有著截然不同的態度，**三型人重視目標和成果；四型人則在意目標對於個人的意義，以及成果是否能與眾不同。**當三型人和四型人合作時，三型人能為四型人精美的

工作成果建立市場需求;四型人則能幫三型人建立個人風格。

四型人不太喜歡實際的營運工作,像研究財務狀況或行銷策略,因此很多的四型人會請三型人負責他們的營運工作,讓他們能專心投入創意或設計工作。

三型人則通常急於看到成果,不太喜歡浪費時間深化產品精神,因此只會專注在較易被大眾接受的產品上。四型人的創意力能幫助三型人建立產品以及組織意義,讓工作不只是像機器般完成一件產品。

但這兩種型態的人一起工作時,要注意自己的表達方式,否則很容易觸碰對方的地雷。三型人要尊重四型人的獨特性,不要把對方當作一台隨時可取代的機器;四型人不要過度沈溺在自己的感覺中,成熟的四型人能意識到自己的情緒,但不會被情緒過度影響了實際工作。

五型人認為「知識才是王道」;三型人則認為「沒有成果,再多的知識也只是空談」。**三型人的工作目標是實際的成果,五型人的工作目標則是新的發現或研究**。這就像是高科技產業的銷售與研發部門,三型人負責產品構思與銷售,五型人則專注在技術研發。

兩種不同的工作態度很容易造成雙方的爭執,許多三型人會抱怨不知道五型人腦中的想法,而五型人也會抱怨三型人太過衝動。因此,與五型人合作時,三型人要給予對方足夠的時間和空間,讓他們思考和計畫,並且盡量準備充足

的書面資料，讓五型人能夠閱讀，這會讓五型人更願意表達自己腦中的想法；另一方面，五型人要學習告知對方自己的工作進度，並且要讓對方知道你仍在為同一個目標打拼，這會讓三型人感到安心，更願意與對方合作。

當雙方能夠相互理解時，三型人和五型人能夠組成一個優秀的團隊，**三型人負責外部拓展，掌握銷售、推廣、行銷和顧客關係；五型人則負責產品研究、財務管理、合約擬定等內部作業。**三型人的績效導向，能夠幫助五型人不停留在理論層次，持續將想法轉換成實際，將五型人的知識變成能幫助社會改變的力量。

三型人和六型人很容易成為合作夥伴，因為這兩種型態能互補對方的不足：當三型人急於表現，以及追求成功時，時常會忽略許多重要問題，造成巨大的損失；六型人的小心謹慎能避免這種狀況發生的可能性。當六型人擔心當前的狀況而裹足不前時，時常會過度著重問題面，忽略了成功的可能性，因而浪費許多好的機會；三型人的積極進取則能有效取得先機。

六型人在下決定前，通常會不斷地分析當前情況，和任何可能引起問題的狀況，這會讓三型人感到挫折和不耐煩。一位三型的員工抱怨他的六型老闆，「每當我問老闆意見時，他就開始跟我分析各種可能性，然後最後都會問我，你認為呢？但我其實完全沒有興趣聽他的分析，我只要知道他決定的方向，然

後設法達成。」這位六型老闆也反應：「如果我有確定的方向，一定會馬上告訴他，我詢問他的意見就是希望能得到更全面的資訊，讓我的決定更正確。」

六型人和三型人的盲點往往可以在對方身上找到答案，六型人的團隊合作和小心謹慎，能夠幫助三型人發揮更好的績效；而三型人會幫助六型人發現自己擔心的問題，往往在實際操作中一掃而空。

三型人和七型人都是非常積極的人，這兩種型態有非常多的共通點：**他們不但都很能做事，也都很願意做事**；他們都喜歡明快、果決的做事風格。這兩種型態的人相遇時，會產生很多的火花，就像是優秀的行銷企劃人員遇到 Top sales，雙方都會感到如魚得水。

但這兩種類型的人對於做事的態度和方式不太相同，三型人是目標導向，七型人是過程導向；三型人喜歡從頭到尾完成一件任務後，享受勝利的果實，再往下一個任務邁進，但七型人重視工作過程是否有趣，如果他們失去了對一件事情的熱忱，會毫不猶豫的轉向另一個工作。

此外，相較於七型人，三型人是苦幹實幹型。三型人做事講求計畫、策略、目標，他們內心清楚自己要的是什麼，而且會朝著自己的目標邁進，他們會告訴自己：「只要我努力，沒有什麼是不可能的，我一定會成功。」七型人則是維持他們跳躍性思考的模式，他們會想辦法讓 1+1 = 3——「如果我做這件事，那有可能會有 A 結果，但也有可能是 B」。

　　驅使三型人做事的動力是成功，他們喜歡用賞罰分明的方式，激勵身邊的人。但這對於七型人則不太有吸引力，雖然七型人也喜歡成功和被獎勵，但這不是他們首要的考量要素。因此，與七型人共事時，三型人要將一個工作的創新之處，以及往後發展的可能性讓七型人看到，當七型人對這項工作感興趣時，他們就會很努力的工作。

　　七型人喜歡營造一個有趣的工作環境，他們做事很隨性，也會給周圍的人很多彈性，他們覺得：「跟著我一起做事，一定都要樂於自己的工作。」但三型人有可能覺得這樣的態度有失專業。因此，與三型人共事時，七型人要給予三型人明確的工作目標和時限，並讓他們逐步完成，獲得成功的喜悅。

　　當三型人遇到八型人時，他們會是最積極、最有行動力的組合。這兩種型態也是在工作場合中，最容易合作的型態。我們時常看到一位白手起家的八型人，打下一片江山後，再交由一位擁有高學歷和豐富經驗的三型人來經理管理。因為三型人和八型人擁有類似的動力，他們都不害怕責任和挑戰，都會想辦法獲得最好的成果。

　　相較於八型人，三型人較圓滑、較有彈性，三型人會建立有效的系統和工作程序，設法利用最省力的方式達到他的目標；八型人則會運用他的魄力和權力，用強取豪奪的方式達成目標。對八型人而言，贏得勝利只是必須達成的目標，完全的擊倒對方，才是最高準則。

當三型老闆遇到八型員工時，要記得給予八型人清楚的目標、權力以及底線，然後放手讓八型人盡情發揮。但另一方面，記得八型人常常會不自覺地挑戰任何侷限他們的規範，因此當八型人逾越其權力範圍時，一定要適時與他們溝通。

與三型人相處時，要記得三型人重視的是成功的感覺，比如某一個團隊因達到業績目標，而獲得一趟歐洲之旅的獎勵。三型人不一定喜歡這趟旅程，他們有可能在旅行中仍繼續工作，但他們會非常享受被認同的感覺。因此一定要給予三型人清楚的成功目標，讓他們知道自己是為何而戰。

在團體中，三型人努力讓自己成為團隊中的明星，盡量讓其他人注意到自己的優點；九型人則比較專注在團體的氣氛，盡量不讓自己在團隊中太過突出。

三型人和九型人有相當不同的做事方式。 三型人說話快，做事也快，九型人則希望能慢慢消化所有的意見；三型人主動積極，對於自己想要的事情不會猶豫不決，九型人則希望瞭解所有人的反應後，再決定是否要表達或行動；**三型人重視團隊效率，九型人則重視團隊氣氛。**

這兩種型態的人合作時，很容易產生雙方的矛盾。三型人可能會受不了九型人的做事速度，寧願自己幫對方表達或完成工作；九型人則會認為三型人不尊重自己和他人。另一方面，三型人善於以目標和成就，激勵團隊的動能，但

這對九型人通常不太管用。對九型人而言，目標建立在團隊和諧之下，和諧的團隊必能達成目標。

　　然而，這兩種型態的人能夠從對方身上彌補自己容易忽略的地方，九型人能給予三型人持續且穩定的支持，並且能夠增強團隊的包容度，接納更廣泛的意見，幫助團隊建立更完整的策略。三型人的競爭力能夠幫助九型人有效完成工作，讓團隊成員更能理解九型人的思維，並有效發揮自己的特長。當九型人給予三型人足夠的空間表現自己的專長、三型人也尊重九型人的做事方式，給予他們時間整合不同的意見時，他們能建立良好的合作關係。

　　四型人無論做任何事情，都希望過程是有意義、有品質或有美感的。**當四型人一起工作時，他們會尊重對方情緒的表達，也會希望能共同完成一件有美感且獨特的工作。**

　　四型人的感受通常是很個人化的。因此，他們相處時，**彼此的價值和深層的感受是一個關鍵點**，如果雙方不認同對方的感覺，他們會相互排擠或妒忌對方，希望讓其他人感受到自己的與眾不同。

　　當四型人共事時，要注意工作的時效性。他們可能同時都感覺心情低落、無法工作，因而耽誤了進度；也可能彼此都欣賞對方的深度，也都願意聆聽對方表達自己的感受，而花了太多的時間在分享上，忽略完成工作的時限。

　　另一方面，四型人通常不認為自己只是一名工作者，他們希望自己的工作

成果是有特殊價值和意義的。然而，兩個四型人一起做事時，**要注意公司的目標和願景，是否與自己的想法符合**，他們有可能提出許多創意的想法，但這些想法可能完全不符合實際需求。

四型人和五型人有很多共通點。**這兩種型態的人都比較內向，且都非常在意個人的空間**，因此他們在一開始工作時，會欣賞對方的相處模式。很多五型人被四型人豐沛的情感表達所吸引。對五型人而言，「表達內心感受」是令人又愛又怕的。

然而，在工作中，這兩種型態卻很容易產生衝突，四型人重視個人感覺，做決定時通常是憑著當下的感受為依據，他們喜歡能彼此分享個人感受的工作環境；相反的，五型人重視思考與知識，凡事喜歡客觀地分析與理性地討論，他們非常不喜歡要分享個人感受的工作環境。

四型人通常會追求獨特的感覺或成果，比如想要在一家燈光美、氣氛佳的咖啡店開會，想要把平凡的公司簡介用漂亮的顏色呈現……，五型人有可能認為這是多餘或沒有太大實質意義的事情，他們不願意浪費自己的時間、精神或金錢在這些不一定有用的事物上面，因此他們有可能拒絕四型人的要求。

另外，當五型人面對情緒問題時，通常會用冷處理的方式應對，也就是不予以回應，這會讓四型人感到很不舒服，甚至懷疑對方的真誠和合作意願。

當兩種型態都成熟時，四型人會接受對方的冷靜和理性，會給予對方足夠

的思考空間；五型人則會尊重四型人的情緒和感受，給予對方空間去發揮自己的創造力。

四型人在做一件事前，會對工作充滿了期待和想像，希望能夠完成與眾不同的事物，但實際完成後，通常會發現與想像中有所差距，而產生一種失落感；六型人則相反，事前會不斷的擔心各種可能發生的問題，但結果通常不會像想像中的糟，反而會鬆一口氣。兩種型態的人一起做事的時候，很容易陷入問題當中而走不出來，六型人擔心可能發生的問題，四型人會過度專注在自己負面的情緒中。

四型人和六型人合作時，「相互信任」會是一個最重要的要素。四型人要相信對方的沉穩和忠誠，六型人要相信對方的真誠和深度。四型人擁有豐富的創造力，能夠將平凡的事物賦予深刻的意義，讓工作更美好，但四型人需要讓對方理解自己的目標和方向；六型人能衡量每一個想法的可行性，並適當的處理可能發生的問題，但六型人需要讓對方理解這一切都是為幫助他完成工作。

四型人與六型人應對時，要記得六型人需要的是安全感。因此，要提供六型人充足的資料和證據，並建立透明的做事方式和明確的方針，讓他理解這個方向是可行的；六型人要記得四型人需要獨特性，給予空間讓他們發揮和想像，再從當中幫助他們找到可行的方式。

四型人和七型人看似完全不可能合作的兩種型態，四型人注重工作的深度和獨特性，七型人注重工作的有趣性和新鮮感。天南地北的做事方式，讓這兩種型態的人很容易產生爭執或矛盾，四型人會認為對方很膚淺，只顧享樂，不懂得內省；七型人會認為對方很無趣，太喜歡沈溺在憂傷的情緒裡，不懂得享受人生樂趣。

這兩種型態能夠從對方身上學到自己忽略的特質，四型人對於事物深刻的洞察和感受，能夠幫助七型人做事更認真，且表達更言之有物；七型人樂觀的態度和高度的行動力，能夠幫助四型人保持行動力，不會過度沈溺在負面情緒中。

其實**四型人和七型人都喜歡在平凡中尋找與創造驚奇，都不喜歡被約束和壓抑**，四型人依賴他們豐富的情感，將每一件平凡的事物賦予深刻的含意；七型人憑著他們的好奇心和樂於嘗試的態度，不斷在平凡生活中發掘不平凡的事物。

這兩種型態合作時，要注意自己的表達方式。四型人要避免過度強調負面的表達，七型人要學習耐心聆聽對方的感受。如果雙方能夠學習欣賞對方與自己不同的特質，這兩種型態將激盪出與眾不同的結果。

八型人和四型人都擁有非常強烈的**情感表達方式**，他們都希望對方聽他們表達，讓對方瞭解自己的真實感受，都希望事情能夠依照他們的方式進行。**當這兩種型態的人共事時，他們會完全的投入工作和生活當中，不太會在意他人的看法或評論**，雙方通常會欣賞對方的勇氣和膽識。八型人強烈地表達自己不滿的情緒，會很吸引四型人；四型人完全地表達自己內心的感覺，會讓八型人感到對方的真誠與實在。

然而，**八型人在意實際的力量，四型人則重視心理、情緒上的感受表達**，因此四型人有可能會對八型人的不雅言詞感到不滿，或被八型人直接武斷的表達方式所傷害；當四型人沉浸在負面的情緒裡時，八型人可能會感到不耐煩。

當八型人與四型人一起工作時，八型人要注意自己的表達方式，多詢問對方的感覺，理解對方的需要；四型人要學習直率的表達，讓對方清楚自己的感受，也要確認對方能夠理解自己的想法。

這兩種型態的人有著對方需要學習的特質，四型人善於表達自己內心的感受和想法，九型人需要學習分辨自己真正想要的目標和事物，並且表達出來；四型人需要學習冷靜，用一顆平靜的心面對自己和身邊的事物，這則是九型人所擅長的。

　　面對問題時，九型人通常會抽離自己的情緒，設法用樂觀平和的態度，幫助自己和大家找到一個出口，但四型人喜歡表達自己的感覺，也期待對方能夠分享自己的感受。所以九型人抽離感受的方式，會讓四型人感到非常不舒服。然而，四型人和九型人都不太會直接表達自己的需要，因此雙方合作時，如果沒有良好的溝通管道，很容易造成彼此之間的誤會。

　　四型主管通常會有明確的目標和計畫，他們知道自己想要什麼，如果四型人能夠給予對方清楚的解釋，讓對方接受自己的願景，九型員工通常會願意跟從主管的指示。四型人則要記得九型人期待一個穩定平和的工作環境，如果九型人沒有感受到對方的歡迎和接納，他們不太願意投入當中；九型人沈澱他人的意見後，要學習分辨哪些是自己接受的、哪些是不認同的，適當地讓對方知道，這樣才能達到有效的溝通。

五型人 VS. 五型人

　　兩個以知識為本的五型人一起工作時，會非常專注在理論和研究上，並且喜歡處理許多複雜繁瑣的問題。他們都希望透過工作激盪出更多新的理論或發現。

　　兩個五型人一起工作的好處是，**他們擁有雷同的價值觀和溝通模式，很容易理解對方的習慣和喜好。**五型人非常在意自己的時間、精力和金錢，他們不會浪費自己和對方的時間，同時他們也會給予對方相同的尊重。一位五型人分享：「我的主管在會議前，會給予我所有的資料和訊息，讓我可以掌握整體狀

況，並思考會議中要表達的意見。而且他絕對不會用同事慶生會這種無聊的事情來浪費我的時間，他會讓我專注在自己的工作中。」另外，五型人相當在意個人隱私，所以他們不會把個人的情緒和感受帶到工作中，也不會在會議中討論私人事務。

　　然而，**五型人通常不太喜歡處理人際關係，因此很有可能產生溝通方面的問題。**當兩個五型人共事時，有可能會需要一位協調者來傳達雙方的意思；或者他們也可以善用科技，利用 email、視訊會議等方式，來幫助雙方達成有效溝通。

　　五型人與六型人各自都擁有對方欣賞的特質。**五型人通常是某一個領域的專家，六型人則希望能夠依賴某個專家或有權威的人；**五型人相信數據和實證，所以五型人與他人合作時，通常能夠提出許多支持他們想法的佐證資料，這會讓六型人感到安心，也比較容易相信對方的意見；五型人喜歡有人聆聽自己的資訊和研究成果，並且尊重自己的習慣，六型人喜歡聽專業性的資料，也願意配合對方的做事方式。

　　工作上，五型人傾向獨自工作，他們有很強的工作能力，但他們喜歡關起房門，自己研究思考，不願意與他人分享自己的隱私和感覺，這有可能讓六型人感到緊張或懷疑。六型人想要知道每一個人的想法和態度，以及每個人的工作狀態，但這種態度會讓五型人感到極大的壓迫感，甚至不願意與對方合作。

因此，當兩種型態的人合作時，**五型人要盡量讓對方知道自己的工作進度和工作情況；六型人要給予五型人獨立作業的空間**，可以建立一套回報工作進度的制度，讓對方知道什麼時候需要回報，以及要回報什麼。

五型人和七型人都屬於點子王，但兩者是完全不同類型的人。**五型人屬於直線性思考的人**，他們在提出一個想法以前，一定會先對這個想法的前因後果通透的瞭解，再表達出來，所以他們的建議是經過深思熟慮且鉅細靡遺的，但也因此會讓許多未成熟的想法流逝；**七型人則相反，他們通常是提出概念性的想法**，即使完全不確定這個建議是否可行，他們仍會提出，或嘗試去做做看。

五型人遇到七型人就像是學究派的研究員遇到行動派的行銷人員。五型人可能無法理解七型人天馬行空的腦力激盪，怎麼能討論出好的想法呢？七型人則會認為五型人的方式過於呆板，壓抑了他們自由思考的能力。

當雙方能相互理解，且能給予對方一定的空間時，他們可以從對方身上學習到自己缺乏的部分，七型人需要學習五型人對於資訊蒐集的嚴謹和對於每一個想法的堅持；五型人可以學習七型人的大膽和創新，這會讓他們的思路更加寬廣。

八型人是九種性格型態中最豪氣、最有霸氣的，五型人則是九種性格型態中最內斂、最想與人保持距離的；八型人喜歡直接表達自己的意見，不害怕與人衝突，五型人喜歡在自己的空間裡學習、想像、觀察，最好不需要面對任何衝突；八型人喜歡到處展現自己的力量，五型人則需要自己的隱私；八型人想要讓別人注意到他們的存在，五型人是努力不讓別人注意到他們。

然而，**這兩種型態的人都有很強的佔有慾**，希望一切都在自己的掌控之內，也都不願意讓他人侵犯自己的領域。**五型人想要學習所有的知識，希望自己能在某一個專業上勝過他人；八型人則是依靠他的資源和力量，設法在某一方面掌控他人。**

兩種型態都非常努力地在他們所擅長的領域裡做到最好。**當五型人和八型人合作時，需要相當注意彼此的界線**，並且尊重對方，不要侵犯對方的領域。當「知識力」和「執行力」結合時，能夠創造出許多令人讚嘆的發展，並幫助社會成長、改變。

工作上,**五型人在意的是具體的知識、資訊和數據,他們會依據數據和理論叫人做事。九型人喜歡建立一個和諧的工作環境,讓大家自動自發的做事;**五型人喜歡獨立作業,九型人則喜歡團體工作;五型人不太在意人際關係,不喜歡花太多時間與人相處,九型人則會對人表示友善和親切,他們喜歡與人相處,也喜歡聽他人的意見。

九型人有很強的包容力,他們能夠接納各種不同的做事方式和態度,也不會強硬地要求對方配合,這對五型人而言,是一件相當重要的事情。但五型人的冷漠以及實事求是的態度,有可能會讓九型人感覺破壞了團體間的和諧感。

當兩種型態的人一起工作時,**九型人要給予對方明確、清楚的指示,並給他們時間,讓他們慢慢融入團隊當中,**當五型人看到自己的工作成就了整體的目標時,他們會越來越願意投入團體;**五型人則要給予對方一個和諧,且能夠彼此合作的工作環境。**如果五型人不願意投入人際關係中,試著找尋同伴協助,或是讓對方知道自己的難處,這都有助於改善彼此的關係。

六型人　VS.　六型人

兩個六型人一起做事時，就像是加了雙重保護的保險箱，他們會質疑每件事情背後的訊息，很仔細的分析各種狀況，並且討論每一個方案的可行性，避免任何不好的事情發生。**當六型人能夠確認自己的決定時，他們的方案通常都會面面俱到。**

「主權」和「信任感」是兩個六型人一起工作時最大的挑戰，六型人會在內心默默的問自己：「你有正當的權力可以命令我嗎？」、「我能相信你嗎？」表面上，六型人通常不會表達出負面的言語和感受，他們會保持友善和親切的態度，但如果他們沒有確認對方的態度前，行動力就會明顯降低。

六型人會有較類似的思考模式。試著找到雙方的共同點，或共同認定的對手。當兩個六型人能站在同一陣線，有著同樣的信念，清楚要面對的敵人是誰，或面對共同的危機時，這兩種型態的人能夠合作得相當順利。

兩個六型人合作的要點：**一、多表達自己的想法**，六型人一定要很清楚地讓其他人知道自己的想法，避免雙方懷疑；**二、多問對方的想法**，要瞭解對方每一個行動的意圖和意思，不要自己猜測，避免不必要的誤會；**三、保持正直和坦白**，這是六型人互相信任的不二法門。

當六型人遇到七型人，會產生很有趣的互動情況，因為**六型人特別注意一件事情不可行的部分**，他們認為「沒有任何事情是完全沒問題的」；**而七型人卻只關注可行的部分**，他們認為「任何事都有可能」。

七型人的隨性和大而化之可能會讓六型人感到不安心，七型人的口頭禪像是「沒問題，一切都會變好的」、「放心吧，不會有問題的」、「沒關係啦，這已經是不幸中的大幸了」，如此樂觀的態度，會讓六型人懷疑是否能相信對方。因此，七型人與六型人共事時，必須要證明自己是可以信賴的，當七型人能說到做到，把事情按時完成時，六型人會慢慢知道對方是可相信的。

同樣的，六型人永無止盡的擔憂可能會讓七型人抓狂，六型人常用「如果那樣」、「不過」、「也許不行」來表達他們的顧慮。六型人可以學習改用問句，問對方「我們該怎麼處理這樣的狀況？」讓七型人運用有創意的頭腦，找到可行的方案。

當六型人與七型人能合作且相互信任時，**七型人能幫助六型人從很多的負面消息中跳脫出來，並找到一個可行的方案；六型人的小心謹慎也會幫助七型人少碰很多釘子，少走很多冤枉路。**

　　這兩種型態對於「權力」都非常敏感。八型人善於掌握權力，並有效使用權力；六型人善於監督權力的使用。八型人願意掌控全局，給予方向和指引；六型人希望找尋一個可靠的領導者，讓他們能夠跟從行事。

　　八型人非常在意對方的忠誠度，六型人非常在意對方是否值得信賴；八型人善於執行和行動，六型人則善於分析情勢。因此這兩種型態可以合作得很愉快，但**關鍵在於兩個人的目標是否相同**，如果六型人認同八型人的方向，他會願意支持八型人，並忠誠地幫助八型人達成目標；而八型人也能夠盡保護之責，讓六型人得到需要的安全感和指引。

　　相反的，如果雙方無法達成共識，不同的做事方式和態度很容易產生衝突。八型人的勇猛豪氣會被視為衝動和情緒化，甚至是權力的濫用；而六型人的謹慎也會被會質疑為沒有勇氣嘗試，以及不坦白表達自己的想法。

　　面對問題時，六型人喜歡專注在問題當中，直到找到確切答案和解決方案為止，九型人則會設法緩和當中的矛盾，努力讓大家用正面樂觀的方式來看待問題。兩種不同的態度可能造成雙方的矛盾，九型人隨和的態度會被認為隨便，以及不認真，而六型人過度執著於

問題當中，會讓九型人感到不舒服，不願意與對方合作。

然而，這兩種型態能夠從對方身上學到自己疏忽的事情。九型人善於整合各種不同的觀點，這能夠幫助六型人用更寬廣的態度面對問題；六型人會關注自己擔心的事物，這將幫助九型人學習表達出內心真正的想法。

當這兩種型態共事時，九型人要適當地關心六型人擔心的事情，並讓對方表達出自己的想法，同時九型人也要表達內心真實的感受——如果不認同對方的想法，不要勉強自己認同。六型人則要記得維持一個彼此接納、有良好溝通氣氛的工作環境，這有助於九型人表達己見，也會讓九型人展現出真正的行動力。

兩個七型人相遇，通常是充滿樂趣的。當創意無限的七型人和天馬行空的七型人一起討論事情時，很可能是更漫無邊際的。他們也許會對於對方的想像力和熱情感到興奮，並且相互激發出更多的創意，但討論的內容很容易失焦。他們討論的主題可能一個接著一個，籌備的計畫也不會間斷，卻沒有任何一項是有結果的。所以當七型人一起做事時，有可能需要一個助理或朋友，確定他們徹底的討論完一個主題，並將想法付諸實現。

雖然七型人的做事方式或做事態度相當雷同，但很多時候，兩個七型人卻無法有很好的合作，因為七型人是比較主觀的，他們只願意做自己有興趣的事

情。如果兩個七型人沒有共識，就會產生雙頭馬車的狀況，各自堅持自己的想法，甚至批評對方的看法。因此，兩個七型人共事時，**可以維持一貫樂觀積極的態度**，這將營造出良好的合作氣氛；同時，**要擷取對方新穎的想法，整合雙方的意見，開創出全新的方向**，這樣才能讓雙方都感到滿意。

七型人與八型人都是行動派，都認為**「坐而言不如起而行」**，通常都是想到什麼，就要馬上去做。因此這兩種型態的組合，會很有行動力，但也很容易太過衝動，顧前不顧後而造成問題。

七型人善於提出想法和計畫，他們會很願意將所有的想法都付諸行動，但不一定要有實際的成果。對七型人而言，凡事不在乎得到結果，只在乎曾經嘗試。八型人則重視結果勝過過程，因此八型人可能會認為七型人做事不認真，或太過輕浮，而感到失望。

當八型人設定了一個目標之後，他們通常會竭盡全力完成，無論當中有任何阻礙，他們都會設法排除障礙，像是《奧德賽》中的獨眼巨人，力大無窮，只要擋住他的東西，他都會設法除去。七型人有可能對八型人的霸道感到不滿，而不願與他配合。

八型人有很強的執行力，但當他們在執行工作時，只會看到眼前的東西，而忽略了注意周圍的事物，**七型人多元化的思考，能夠幫助八型人看得更廣更遠**，並增加許多創意的方法；而**八型人的執行力能協助七型人把空想變成真實**。

七型人和九型人有相當不同的做事方式和態度。**七型人喜歡刺激和有趣的工作環境，九型人喜歡穩定、平和的工作環境**；七型人喜歡嘗試新的事物和新的經驗，九型人喜歡熟悉的事物，不喜歡太大的改變；七型人排斥無聊單調的工作，九型人會耐心處理重複性的工作。

工作時，七型人會不斷地提出新的想法、鼓勵創新，並且激發對方的熱情。許多七型主管喜歡自由的工作時間，一時興起的舉辦員工聚餐，或要求對方立即完成突然想到的工作，這都會帶給九型人高度的壓力和挫折。

好消息是兩種型態都不喜歡直接面對衝突，都喜歡用樂觀的態度看待問題，因此雙方不容易產生明顯衝突。

當這兩種型態的人合作時，需要高度尊重對方的限度。七型人要給予對方自由選擇的權力，就如同七型人希望別人能給予他們自由一樣，不要強迫對方採用相同的工作模式，並給予對方一套能夠遵從的作業方式，這會幫助九型人慢慢接受新的經驗和改變。

許多八型人是不打不相識，因為**八型人喜歡用直接且強烈的方式表達自己的意見和感覺**，即使是相互的關心，也有可能讓旁人感覺像在吵架。兩個強勢的八型人一起工作時，能夠有很好的工

作成果。但由於雙方都會非常在意主權控制，因此通常不是好夥伴，就是敵人。就像是上了彈藥的槍，如果沒有順利將子彈發射出去，就會在槍桿中自爆。

八型人會有強勢的管理風格，要求下屬完全的服從與忠誠。八型人會讓下屬知道自己的權威，並要讓下屬時時記得自己的微小。很多八型人會認為：「在團體中只會有一位指揮官，那就是我！」因此，**兩個八型人合作時，要注意自己的管理模式和對應方式，可以給予對方制度和規範，但不要過度壓迫對方。**

八型人習慣的威嚇和壓迫，很容易激起另一個八型人強烈的反彈，變成激烈的對抗。記得，八型人想要保護自己的領域和自主權。**尊重對方，並給予對方足夠的發展空間**，這不但不會影響你的自主權，還能透過合作擴大自己的領域，增加自己的影響力。

八型人和九型人可以變成很好的合作夥伴。八型人主動積極，但他們的處事方式往往過度激烈，所以**九型人能夠幫助八型人更加圓滑，建立和諧的團隊；八型人直接坦白的溝通模式能夠鼓勵九型人表達出自己真正的想法。**

然而，八型人習慣於命令人的表達方式有可能惹惱九型人，而九型人對於問題不予以回應的態度也可能激怒八型人。這兩種型態的人都有一股牛脾氣，對於自己不滿意的事情都會非常的固執，八型人會用命令和威嚇的方式，讓對方順應自己的要求；九型人則用消極性的抵抗，抵死不從對方的要求。當這兩

種型態的人彼此對抗時，容易陷入不可收拾的僵局。

八型人要記得，九型人是吃軟不吃硬的，建立一個讓他們願意投入的工作氣氛，這會讓九型人願意站出來承擔責任，並能用寬廣的態度解決問題；九型人通常能夠給予八型人足夠的發揮空間，但九型人要提供對方明確的目標和想法，這樣八型人才能有效發揮他們的能力。

九型人善於聆聽，而且願意接納他人的想法，因此**九型人能建立一個開放、透明、安定的工作環境，讓所有人都能自由地表達意見、與他人互動**，且能維持彼此之間的和諧。

九型人腦中通常會有一套自己的計畫或是理想的目標，但他們不會直接表達出來，因為九型人不願意命令他人做事，以免破壞和諧。九型人希望有一個良好的工作環境，大家自然地就會各司其職。當兩個九型人一起做事時，時常會缺乏有效的溝通，因為雙方都想要配合對方，所以沒有人願意表達出自己的想法，而延遲了工作的進行，甚至有可能破壞了彼此的和諧。

另一方面，九型人通常不會與人直接衝突，因此他們會忽略問題，或是用糖衣包住真正的問題，維持一個和平的假象，直到問題已經嚴重到不可收拾的地步，才被迫面對。

因此，**兩個九型人合作時，需要其中一個人先表達出自己的意見，再運用九型人整合建議的能力，建立一個明確且雙方都滿意的共同目標。**

Chapter 4
重生篇
Start a New Life

❶ 發揮九種型態的九種力量

從九種性格型態中，可以看到九種正面的力量：

修煉力——修煉是「堅持」求勝，把事情最對、做好。修煉力是挑戰極限，追求完美的演出。

品德力——品德是懂得分享、懂得服務；愛自己，也愛別人。品德力讓我們發揮美德，感動身邊的人。

競爭力——競爭是在競賽中展現力量，努力達成目標。競爭力讓我們適應內在和外在的變化，並且成長茁壯。

創意力——創意是將已知的事物賦予新的意義，創意力讓我們生活中平凡的每一秒，都變得不平凡。

知識力——知識帶領我們從無知到博學，從業餘到專業。知識力讓我們有力量面對問題，解決問題。

合作力——合作是把多個特質不同的腦放在一起，產生爆炸性的加乘效果。合作力讓我們瞭解自己和他人的限制，共同達成願景。

熱血力——熱血是從挫折中找到成長的動力，是每一個人發光發熱的本錢。熱血力讓我們樂在生活的每一刻。

執行力——執行是將想法變成實際，把目標變成結果。執行力讓我們改變、進步、創造實質價值。

包容力——包容是虛懷若谷、求同存異，包容力讓我們接納不同的想法和意見，幫助我們化解彼此的衝突，贏得他人的信服。

在每個團體或企業中，都需要這「九種力量」，每個人也都有能力培養出這「九種力量」，但我們必須要瞭解自己的現況，才能夠有效提升自我能力。**「九型人格」能夠幫助每個人診斷自己的現狀，用最少的力氣，培養出最需要的能力，進而發揮個人的天賦。**

前一章詳細的解釋如何與各種性格類型溝通，我們可以透過其中的方法來改善人際關係。但我們都有過這樣的經驗：即使我很清楚知道自己現在的表達會傷害到他人、會破壞雙方關係，我還是忍不住說出這樣的話語；即使我知道對方期待我的協助，我仍不願意放下手邊的工作或拋下自尊心，給予適當的幫助。

當我們侷限在某個性格框框裡時，我們的「自主權」就是有限的。比如八型人可能會認為：如果要包容其他人的想法，或關心他人的需要，就無法有效執行我的計畫，所以只好選擇傷害他人。然而，當八型人能夠意識到自己的霸道，以及內心的擔憂時，他們能夠更自由地做出不傷害他人，且能符合自己需要的反應。

在本章中，分別為九型人提供三個簡單的方式，幫助我們展開新生活。**首先敘述各性格類型的成長與退化，「成長」可以幫助我們瞭解自己能往哪個方向努力；「退化」則是要提醒自己注意是否有類似的跡象發生。**退化時的反應，通常會不可避免的傷害到身邊的人。因此，如果我們能意識到自己的反應、表達出自己的感受，或給自己一點時間消化情緒，將能有效減低與他人的衝突。

在自我探索的過程中，要記得**不要過度強迫自己改變**。因為每一個反

應，都是我們當下認為最好的選擇，當我們能意識到自己的行為態度時，表示我們往自我提升的道路跨出了很大的一步，這時我們要給自己一些鼓勵。自我提升的過程需要足夠的毅力和耐心，如果出現矯枉過正的心態，有可能會帶給自己過多的壓力，只會有害無利。

第二是針對職場、親密關係和日常生活，給予每一個性格類型建議。利用這些建議，我們能適時地提醒自己。除此之外，這些建議也可以幫助他人成長。如果你是公司主管，就可以善加利用，帶領部屬提升自我。

在這裡之所以將「職場」和「親密關係」放在一起，是因為職場和親密關係息息相關。職場中的不順遂可能對親密關係造成影響；親密關係的問題也會影響工作中的表現；兩者的平衡成長，則有相得益彰之效。

第三是為每一個性格類型設計的 Check List。九型人格是一門知識，只有開始使用它，才能將死的知識變成有效的工具。Check List 以一天為基準，每天只需要五分鐘，回顧一整天的生活，看看是否有表格中的行為反應，這可以幫助我們增強自我意識的能力。Check List 中，有些選項可能是自己不容易意識到的，也可以請身邊的朋友幫忙提醒。

Part 1
一型人的新生活

❗ 一型人的成長與退化

　　一型人的成長與退化方向分別是七型和四型。一型人往往會求好心切,甚至凡事都事必躬親。其實很多時候是因為一型人無法找到一個可靠、可信的人,幫助他們完成工作。

　　品質至上的一型人,往往給自己很大的壓力,如何在同樣的二十四小時內,將自己和手邊的事務打理到最好,是他們最大的挑戰。成熟的一型人會開始用開放的心態,看待現實與期望的差距,他們不會為了這些差距,怪罪自己或責怪他人;他們開始允許自己有些隨性的反應、允許別人有些脫軌的演出。**當一型人能夠接納生活中不完美的事情時,他們才能允許自己「放鬆」**——放鬆緊繃的身體和防衛的心態。

　　放鬆後的他們會發現,生活周遭有許多令人驚喜的事不斷發生,**就像是健康的七型人,對身邊的人事物充滿好奇心,並能時時感到生活中的喜悅。**

當一型往七型方向成長的特點:

・ 能夠放鬆自己的身體,如表情、肢體;也能放鬆自己的心情和對自己的要求。

・ 願意聆聽不同的觀點,並能適當接納他人的建議。

- 能夠用更寬廣的心情看整件事情，不會執著在一個問題當中，而是欣賞事情美好的部分。
- 知道自己身體的限度，做適當的休息，不會因為工作而過度消耗自己的體力。
- 用認真嚴肅的態度面對重要的事物，但也知道何時能以輕鬆詼諧的心情對待一些不完美的的人、事、物。

相反的，當一型人長期沒有辦法達到他們理想的狀態時，他們會越來越不滿生活的現況，並開始不斷地批評他人以及外在環境，這些負面的情緒和行為都會讓身邊的人越來越無法接受一型人的建議。

當一型人內心的埋怨增加時，他們需要花更多精力處理自己的負面情緒，因此會慢慢喪失積極行動的力量。一型人會**轉而自怨自哀，認為沒有人理解自己的認真、堅持和理想，他們會埋怨別人的快樂，以及嫉妒別人的生活，這就像是不健康的四型人，認為自己是全世界最可憐、被他人遺棄的人。**

當一型往四型方向退化的特點：

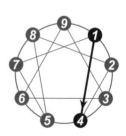

- 埋怨生活中的人事物，不願意再承擔任何的責任。
- 內心時常陷入矛盾中：想要享受生活，但又感覺行為不當，而充滿罪惡感。
- 情緒變化無常，時而憤怒，時而自憐。
- 利用自我放縱的方式逃避壓力，如酗酒或縱慾。
- 不斷地自我批評，只注意自己負面的特質。

❗ 給一型人的建議

職場 Tips

- 做事的規則和道德標準固然重要，但每個人可能有不同的準則，有時尊重別人的看法，可以促進工作的進度。

- 學習接受錯誤，無論是自己或別人的錯誤。一型人嚴格的做事態度，時

我們今天要討論下半年的工作計畫，大家可以先隨意提出自己的想法。

怎麼什麼會議資料都沒有準備，還讓大家隨意提意見，我看他根本是忘記準備今天的會議吧！真不專業。

▶ 一型人對於工作的態度是相當嚴肅且認真的，當他們看到對方用比較隨性的態度，或準備不夠充分時，可能會質疑對方是否以相同認真的態度面對工作，也有可能因為如此而影響與對方合作的意願。

常讓同事不敢告知錯誤或是隱藏了個人的想法，這會讓一型人損失許多學習或改進的機會。

- 一型人有很靈敏的發現問題能力，但也很容易矯枉過正。學習聆聽別人的建議，避免吹毛求疵。

- 在糾正別人之前，先思考這是「做對的事情」，還是「把事情做對」。沒有人喜歡在眾人面前被糾正；試試看在私底下，用和緩的態度，告訴對方你的想法。

- 工作與娛樂不一定是完全分開的，工作中適當的結合休閒活動，如點心、小活動，會幫助提升團隊氣氛，也會增加創意！

親密關係 Tips

- 避免過度投入工作而忽略了對方。一型人時常為了完美的完成工作，將自己大多數的時間都放在工作上，而減少了跟伴侶相處的時間。

- 注意是否硬性要求對方跟從自己的生活習慣。一型人的生活作息通常相當規律，吃飯、起床、休息都有相對應的時間，但強迫對方跟隨自己的作息，有可能會讓對方感到不舒服。

- 與親密伴侶相處中，如果感覺到不舒服的情緒，如生氣、不滿等，要適當的表達出來，不要積壓在心裡。

- 記得要多讚美對方，給予真誠的鼓勵。一型人對於完美的苛求，時常會忽略對方做得良好的部分。不要期待有一個完美的另一半，多看看對方美好的一面吧！

終於把手邊比較緊急的工作完成了，這樣應該就可以好好陪一下老婆了。

▶一型人在工作完成之前，比較不能夠考慮休息或玩樂的事情，但當工作告了一個段落後，他們會願意做一些休閒的活動，而且他們通常會很認真的參與這些活動。對一型人來說，做任何事情都要100%的投入，才是好的表現。

- 注意是否能善待自己的基本需要，包括物質和非物質的需要。一型人常會對舒適和快樂有罪惡感，記得，只有對自己好了，才有能力對他人好。

日常生活 Tips

- 注意你的身體是否能夠放鬆，還是時時處於緊張的狀態？學習放鬆身體，按摩或瑜伽都可以幫助你注意身體僵硬的感覺；放鬆身體也會幫助你放鬆內心的壓力。

- 你的腦中是否時常出現批判自己犯錯的聲音？學習給自己一些掌聲，給予自己肯定，是讓你再往前邁進的動力！

- 問一下自己，如何才能做到心目中的最好？如果沒有清楚的目標，你無法知道自己是否做得夠好。

- 你能偶爾允許生活中發生一些意外的驚喜嗎？理想和規範是幫助一個人走向彼岸的燈塔，不是一個讓人窒息的緊箍咒。欣賞生活中的一切，會讓你更充滿人性。

- 你是否為了表現得更完美而壓抑自己的負面情緒？學習釋放和表達出來，請記得，壓抑這些情緒，只會讓你看起來更憤怒、更不理性。

- 「原諒自己」是你生命中很重要的功課！

▶ 生活中，一型人往往不能放鬆，因為他們會不斷地
關注自己和他人的缺點。過度專注在缺點中，會讓
一型人主觀地批評自己和他人，反而忽略了事情的
整體性，也無法客觀地評斷事情。

▶ 能幫助一型人更圓滿的方式，就是放鬆和接納生活中不完美的小事情。當一型人能夠接納生活
的不完美時，他們會客觀看待自己與他人，也能給予大家願意接納的建議。

❗ 一型人的 Check List

　　如果一天之內，表格中的行為出現超過五次以上，需要注意一下，你自己或身邊的人可能已經在不知不覺中受到傷害；如果是四次以下，給自己一點鼓勵，並確認這些行為沒有影響到自己和他人的關係；如果完全沒有，你可能已經邁向健康的性格，但同時也可以檢視一下自己的主型性格，是否有所誤判。

檢視項目	完全沒有	1-4 次	5 次以上
認為別人做事不如自己細心、周到；認為大部分的人都太懶、太不認真。			
認為所有事情都只有一套原則和標準，沒有妥協的餘地。			
嚴厲地苛責和糾正他人的想法與做事方式。			
告訴自己要以身作則，不能表現出不滿的情緒。			
身體感到非常的僵硬，無法放鬆。			
腦中出現批評自己的聲音，告訴自己：「你做得還不夠好。」			
認為自己任重道遠，不能稍作休息或玩樂。			
身邊的人都不贊成自己的理想和原則。			
深信自己做的事情都是對的，無法接受他人的建議。			
看到別人不守規矩時，會奮不顧身地指正對方。			

二型人的新生活

❗ 二型人的成長與退化

　　二型人的成長與退化方向分別是四型和八型。樂於助人的二型人通常給人熱情、溫暖的形象，他們花了大部分的時間和精力在身邊的朋友身上，因為他們認為別人比他們自己更需要被照顧，所以很多二型人會忽略自己的基本生理和心理需求，比如忘記吃飯、缺乏休息、沒有適當宣洩情緒等。

　　當二型人認知到，每個人都必須先照顧好自己的需要，才有更多能力照顧別人時，他們開始關注自己的身體和內在感覺，這就會像四型人。四型人非常重視自己的感覺和需要，他們相信自己的直覺，不需要依賴別人的想法。重視自己需求的二型人將變得更獨立，並能為自己找到真正想要的事物。

當二型往四型方向成長的特點：

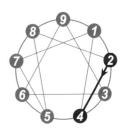

- ・承認且接受自己生氣、難過、孤獨等不舒服的感覺。
- ・當超過自己的限度時，能夠說「NO」。
- ・除了助人之外，能透過不同的方式肯定自我的價值。
- ・享受一個人的獨處時刻。
- ・花更多的時間在發展自己的興趣或能力。

然而，二型人的核心渴望是被愛，他們認為必須要先愛對方，才能換來相等的愛。**生活中，如果別人不接受他們的幫助、得不到期望中對等的關愛或被別人欺壓時，二型人會變得強悍冷酷，就像是八型人一般。**

這種狀況下的二型人會展現出強勢的一面，因為他們認為，如果不用強勢的態度，則會威脅到自己的生存條件，所以他們主動爭取需要的東西，以及表達不滿的情緒。他們想告訴其他人：「我希望你們瞭解我對你們的重要性。」暴躁易怒的二**型人，會讓身邊的朋友感到震驚，甚至害怕、遠離**，這將讓二型人離自己渴望得到的愛越來越遠，也讓他們感到挫折無比。

當二型往八型方向退化的特點：

- · 無論對人際關係或事情上，都希望自己是做決定的人。
- · 容易在肢體和言語上，表達不滿的情緒，特別是憤怒。
- · 用責備取代鼓勵；用批評取代讚美。
- · 渴望得到別人的關注，用行動獲取他人的注意力。
- · 主觀認定別人的需要，並且帶有壓迫性的給予對方幫助。

❗ 給二型人的建議

職場 Tips

- · 工作上，除了「人」的部分，也要注意工作本身的需要，二型人時常會專注在人的問題上，而忽略了工作，以至於耽誤了工作進度。

- 人際關係上,除了「獨立」和「依賴」兩種關係之外,還有一種叫做「相互依存」。記得,你也可以接受別人的幫助和支持。

- 適度的協助他人是好事,但不要逼迫別人接受你的好意;給予他人一些空間,有些人會喜歡自己處理問題。

- 給自己設定界線,或學習說「不」;當別人的需要超過你的能力,或自己手邊有重要的工作時,告訴對方:「抱歉,我現在很累,沒有辦法幫這個忙」。

- 善用你對人性的敏銳度,幫助自己和員工增強工作能力,並且建立一個優質的團隊。

親密關係 Tips

- 不是每個人都和你一樣好客、和你一樣喜歡社交活動,關心一下對方的感覺,偶爾兩個人喝喝下午茶,度過悠閒的下午,也是不錯的選擇。

- 當你對於雙方關係感到疲累時,用你纖細、敏感的心問問自己:「我需要什麼?」花一些時間想想自己的感受、興趣和態度,這會幫助你重新找回力量。

- 盡量直接表達你的感受和渴望。對方不一定能敏銳地觀察到你的需要,等待對方滿足你的需求,可能會讓雙方都感到失望。

- 注意自己的好意是否造成對方的壓力。二型人無微不至的關懷,會讓對方感到溫暖、體貼。但親密關係上,適當的私密空間仍是需要的。

- 學習直接告訴對方你需要的幫助。二型人會不好意思表達自己的需要,

認為必須要先替對方做些事情，才能夠得到對方的關愛。然而，這樣的交換方式可能會讓對方感到不舒服。

日常生活 Tips

- 注意生活中與他人的相處模式。你是否會不自覺地順應對方的想法、渴望，而忽略了自己內心真正的想法？記得，照顧好自己內心的感受也是愛對方的一種表現。

- 你是否會不自覺地告訴自己：「我不需要被感謝」，或「我不值得被讚美」？學習完全地接受別人給你的讚美與感謝；學習告訴自己「我是值得的」。

今天讓你睡晚一點，來吃我準備的愛心早餐吧！

超感動的，你對我實在太好了！

我一定要加倍的報答他！

▶ 二型人內心期待能得到別人的愛。偶爾一些貼心的小舉動，像是簡單的電話問候或關心，都會讓二型人有更多能量付出，也會幫助雙方關係越來越親密。

- 每週給自己一些時間獨處，可以適度做一些運動，如慢跑、散步、游泳等，這會幫助你重新意識自己的需要和感覺。
- 當你很肯定對方需要某一方面的協助時，試著問他們：「我覺得你需要這一方面的幫忙，是嗎？」然後尊重對方本身的感覺。對方將不只感謝你的關心，更會感謝你對他們的尊重。

妳先休息一下吧！我看你累了～

不累！不累！應該是妳累了，好好休息吧！剩下的交給我！

▶ 二型人總認為別人比自己更需要被幫忙、更需要被照顧，所以他們會不顧自己的身體狀況，做出超出自己負荷的事情。當二型人不能照顧好自己時，他們也無法真心的為別人付出。

嗯～好像是有點累了，休息一下真好。

▶ 當二型人能開始關心自己的生理和心理需要時，他們將擁有更大的能量去愛身邊的人，也能夠無私的體貼和服務他人。

❗ 二型人的 Check List

　　如果一天之內，表格中的行為出現超過五次以上，需要注意一下，你自己或身邊的人可能已經在不知不覺中受到傷害；如果是四次以下，給自己一點鼓勵，並確認這些行為沒有影響到自己和他人的關係；如果完全沒有，你可能已經邁向健康的性格，但同時也可以檢視一下自己的主型性格，是否有所誤判。

檢視項目	完全沒有	1-4次	5次以上
告訴自己：「我不值得被感謝」或「我不值得被讚美」。			
認為對方必須要接受我的幫助，否則就是不認同彼此的友誼。			
希望透過送禮或讚美讓對方喜歡自己。			
藉由食物、酒精或藥物來彌補自己內心的孤獨。			
為了讓對方好，不惜操控對方的行為和生活。			
認為身邊沒有任何人會真正地關心、照顧自己。			
無法照顧好自己的生活，如身體、家人、夫妻關係等。			
不斷提醒朋友自己的好意，並讓對方知道自己非常的在意他。			
害怕自己如果不先幫助他人，就無法得到他人的關懷。			
希望能佔有自己的朋友，不願意與他人一起分享友誼。			

Part 3
三型人的新生活

❗ 三型人的成長與退化

三型人的成長與退化方向分別是六型和九型，三型人在生活中時常扮演帶領團隊前進的領導者，或替家族光耀門楣的英雄。對三型人來說，花時間表達自己的感受，或尋求他人的慰藉，是一件浪費精力的行為。

三型人認為要面對自己內心的真實感覺，是一件很不容易的事情。這就像是要打開潘朵拉的盒子一樣，深怕會喪失原本的寧靜，害怕看到的是疾病、禍害等不幸的事。但三型人也只有將盒子完全打開，才能迎接到希望。**當三型人開始注意自己的感覺，並接納自己的個人價值時，他們會與人分享自己的榮耀，也更願意與人合作，就像是健康的六型人。**「合作」能幫助三型人得到團體的認同，也能增強工作效能。

當三型往六型方向成長的特點：

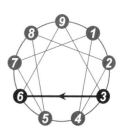

- 重視團隊合作，能夠建立相互尊重和相互信任的工作環境。

- 忠於自己的承諾和義務，願意花更多的精力在家人和朋友身上。

- 激勵夥伴成長，並且協助他人發展個人優勢。

- 願意分享自己內心感受，接納真實的自我原貌。
- 珍惜擁有的人、事、物，並願意分享自己擁有的一切。

然而，強調效率、效能，以結果為優先的三型人，時常忙於腦中的計畫、手邊的工作和期待中的目標，他們會發現得不到期待的滿足感，卻有做不完的事情和忙不完的工作，反而被外在事物壓得喘不過氣。

當三型人長期處於這種狀態時，他們會設法放慢自己的腳步，或是尋求外在刺激來逃避內心的感覺，告訴自己：「只要達成這個目標，一切問題都會解決的。」**這就像是九型人，他們不願意面對內心真正的渴望，反而用無關緊要的事情來搪塞自己。**

當三型往九型方向退化的特點：

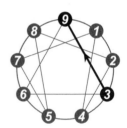

- 即使發生問題，仍然滿足於現狀，不願意做任何的改變。
- 不願意讓別人看到自己內心的感覺。
- 利用過度的工作、食物、睡眠或酒精來麻痺自己的感覺和外在的挑戰。
- 沈溺在自己過去的成功經驗，或幻想自己可能達到的成就，但缺乏實際行動力。

❗ 給三型人的建議

職場 Tips

- 記得「成功無法帶給你良好的品德，但美德會引領你通往成功之路。」

- 學習與他人「合作」，而不是「競爭」。雖然競爭會帶給你滿足與成就感，但合作會幫助你結合不同的特質，突破自己和團體的限制。

- 除了公事之外，關心一下身邊同事、員工的情緒或生活。「你最近好嗎？」一句簡單的問候，會讓你更貼近他人，也會讓同事們更願意跟你合作、相處。

- 「效率和結果」是職場中相當重要的評量標準，但有時急於眼前的成效，忽略了某些小細節，如公司程序、人員感受等，反而會造成日後的大問題。

- 不好的銷售員只顧個人的銷售成果；好的銷售員不只關心銷售成果，還會關心顧客的需求、產品的質量，以及團隊的表現。

親密關係 Tips

- 看一下你的行事曆，記得要留一些時間給自己親密的家人和朋友。

- 在親密關係中，優點很容易變成缺點，你的「成就」和「成功的形象」會是非常有吸引力的特點，但如果缺乏持續經營雙方的關係，就有可能被認為是「工作狂」。

- 多關心對方的感覺，以及聆聽對方的感受。理性且重效率的三型人，會

▶ 工作中，三型人會評估制度上的規範和限制，只要在不影響個人形象和考績的條件下，三型人會企圖走捷徑，用最快的方法完成事情，得到一個好的結果。

不自覺地分析對方感覺，同時提出有效的解決方案；然而，有時最有效
的幫助不是提供解決方式，而是專心的聆聽和接納。

· 學習與對方分享自己的感覺，特別是自己認為不夠完美的部分。呈現

▶ 三型人時常很難劃分工作與休閒。對三型人而言，從工作中得到的滿足感，可能遠遠超過休閒中的喜悅。在親密關係中，這很有可能造成雙方的糾紛，對方會有一種得到了人卻得不到心的感覺。

出真實的自己會幫助你更自由，更有能量愛對方，也會讓雙方的關係更深、更密切。

- 認真工作之餘，也要全心的休閒。偶爾可以關掉手機和電腦，不要被公事打擾，盡情地享受兩人一起相處的時刻。

日常生活 Tips

- 過度的壓力會導致身體和心理的疾病，注意自己的工作時數，記得把「休息」和「運動」也安排在你的行事曆當中，偶爾泡個溫泉，或做個按摩會是不錯的選擇。

- 你是否對自己的現狀很不滿意，不斷地想要更好？記得，「庸碌一生的最大問題，是即使爭贏了，也不過是碌碌庸才」，學習感謝自己所擁有的。

- 注意在別人面前如何呈現自己，是否會害怕暴露自己的缺點，而無法對別人坦承。

- 可以花一些時間參加志工活動，如醫院志工、國際志工、資訊志工、社區志工等。在沒有直接利益的團體中，能夠幫助你學習用不同的方式與人互動。

- 讓自己喘一口氣，試著給自己一些讚賞，以及欣賞現有的成果。接受現況不會讓你停滯不前，反而會讓你有更大的力量往前走。

好熱、好渴！
但是我絕對不能脫掉這個裝扮，
我要扮演好這個角色。

▶ 每個人在生活中都會扮演不同的角色，然而，三型人往往過度執著於扮演的角色，而遺忘了自己本身的樣子，甚至排斥真實的自己。

呼！真是舒服。
雖然我沒有「它」那麼可愛、
那麼受歡迎，
但我還是喜歡我這個樣子。

▶ 當三型人開始重視自己的內心感覺，他們會開始學習接納自己，不但能夠扮演好角色，也能展現自己真正的潛能，這會讓三型人成為一位真實且可愛的人。

235

❗ 三型人的 Check List

如果一天之內，表格中的行為出現超過五次以上，需要注意一下，你自己或身邊的人可能已經在不知不覺中受到傷害；如果是四次以下，給自己一點鼓勵，並確認這些行為沒有影響到自己和他人的關係；如果完全沒有，你可能已經邁向健康的性格，但同時也可以檢視一下自己的主型性格，是否有所誤判。

檢視項目	完全沒有	1-4次	5次以上
希望所有人都能注意和欽佩自己的優點。			
排擠身邊的人，特別是表現不佳的同事或朋友。			
工作超出自己的負荷，影響了身體健康和家庭關係。			
誇大自己的成就和能力，讓對方留下深刻的印象。			
為了成功完成目標，願意犧牲個人的原則和誠信。			
認為情緒會影響工作效率，只有理性才能解決問題。			
不願意與同伴分享共同獲得的成就或榮耀。			
無論做任何事情，都希望能夠勝過其他人。			
害怕失敗或犯錯，想要隱藏自己的缺點。			
一個人獨處時，感到挫折和空虛，無法肯定自己的價值。			

四型人的新生活

❗ 四型人的成長與退化

　　四型人的成長與退化方向分別是一型和二型。四型人大都給人沉默憂鬱的印象，很多時候他們不是想要沉默，只是他們還沒準備好要如何表達自己。

　　生活中，四型人會不自覺的花很多時間沉浸在自己的內心感受裡（有時會是發呆或做白日夢的方式）。當四型人足夠成熟時，他們會意識到：**情緒和感覺只是人的一部分，而不是全部。**當四型人能接納這一點時，他們能夠有更多的時間與精力面對現實生活中的一切，也會有更多的行動力去表達內心充沛的靈感與想法。**這就像是一型人，能有紀律的一步步完成他們要做的事情。「紀律」會幫助四型人做更多有意義的事情，使四型人不但瞭解自己，更可以看到自己美好的一面。**

當四型往一型方向成長的特點：

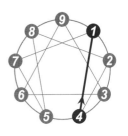

- 想法與建議更實際，不但照顧到自己的感覺，也能關注到別人的需要；能幫助自己或身邊的人解決問題。
- 正面的想法會增加，以往負面的態度會減少。
- 能夠且願意表達出自己的想法或感覺。
- 能按部就班的完成想要做的事情，將自己豐沛的創造力轉化成實際的東西。

・專注在「我能做什麼」，而不是「我缺少了什麼」。

然而，四型人過度情緒化的行為和負面消極的態度，往往讓身邊的人產生敬而遠之的感覺。與人疏離的四型人，會花更多的時間在他們浪漫悲觀的幻想裡，且不可自拔，也會漸漸的讓他們的想法成真──別人都不愛我，我真可憐！

當這個狀況產生時，四型人會想辦法得到朋友們的關注，希望重建雙方的關係，就像是二型人渴望與他人的親密感。然而，渴望親密關係的四型人，會給對方一種喘不過氣的壓力，讓對方漸漸與自己保持距離。這時的四型人，將掉入負面情緒的漩渦裡。

當四型往二型方向退化的特點：

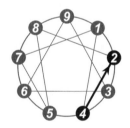

・極度渴望別人的關心，甚至不惜讓自己生病或受傷，
以得到別人的注意。

・不能照顧自己的基本需要，如不正常飲食、躲避正常
的社交生活圈、過度依賴某一段感情關係；期待身邊
的人來照顧自己。

・過度情緒化；很容易感動或沮喪，且不能自己。

・情緒起伏大，特別容易難過或覺得身邊的人沒有好好對待自己。

❗ 給四型人的建議

職場 Tips

- 關注自己內心的感受很重要，但可以先把手邊的工作完成，不要讓情緒影響你的工作。

- 在跟別人討論事情時，可以多關注一下他人的感受，不要只專注在自己的感覺上。

> 我現在感覺不對，無法工作，我要先真誠面對自己的感覺。

▶ 四型人的行動力往往與個人情緒息息相關。四型人認為，無論做任何事情，都必須要先誠實地面對自己的感覺。與四型人合作時，如果能夠幫助他們抒發負面情緒，將能增強他們的行動力。

- 秉持「對事不對人」的態度，當對方給予意見時，不一定是針對你個人；學習用客觀、冷靜的態度聆聽別人的建議。

- 當你堅持的想法與身邊的人都不同時，聽聽看別人的意見。這不代表你的想法不好，只是工作中有時需要採用較大眾化的方式。

- 如果你目前的工作無法發揮你的創意，仍可以運用下班的時間創作。

親密關係 Tips

- 如果你的另一半也是你的心靈伴侶，那非常好。不過你還是可以多交一些可以跟你互吐心事的朋友，這會減低對方的壓力。

- 盡量直接告訴對方你的想法和感覺，不要以為對方可以猜到你的意思。

- 當你沉浸在難過的情緒中，無法走出負面情緒時，告訴對方你需要一些時間和空間；如果可以，試著把感受說出來。

- 當你感到壓力和悲觀的時候，容易陷入「無法再和對方一起生活下去」的情緒中；不要在這個時候結束一段感情，可以與伴侶保持一些距離，沈澱自己的情緒。

- 不是每個人都能自然的表達自己內心的感受，多給對方一些包容，也要相信對方是願意跟你分享生活的。

- 浪漫激情的戀愛是令人期待嚮往的，但這也容易造成情緒的劇烈起伏，不要太過於追求激情和深刻的感動！

▶ 四型人的腦中時常會出現許多浪漫的想像，這些想像往往是四型人行動的力量。想像中的情
　景，可以讓四型人發揮無限的創意，將每一個情景賦予不同的含意；然而，真實的經驗卻無法
　改變，反而會讓四型人產生一種莫名的失落感。

日常生活 Tips

- 你是否有一個正常的管道抒發內心的情緒？可以藉由畫畫、唱歌、跳舞、寫日記，或是找一個你信任的好友聊天，將感覺表達出來，這會幫助你更清楚自己的感覺。

- 你是否時常會感到一絲愧疚，覺得自己做錯了什麼事，或是認為自己讓周圍的人、事、物變得不美好？將這個感覺表達出來，詢問對方實際的感覺。很多時候，事情不是你想像得那麼嚴重，不要帶著愧疚感去試圖彌補你自己以為的問題。

- 你的日常生活作息是否正常，還是時常日夜顛倒？給自己一個明確的規範，如早上八點起床，並努力做到。這會同時有助於你的生理與心理，讓你有足夠的精力與時間發揮充沛的創造力。

- 你是否時常覺得時間不夠用或時間好像不知不覺就過去了？注意一下，你每天花了多少時間在發呆，或在整理自己的心情。當你意識到時，深吸一口氣，將注意力轉回手邊要做的事情上。

- 你會期待某個人或某樣東西幫助你脫離情緒的困境嗎？記得，解鈴還需繫鈴人。相信自己，你就能處理這一切；給自己一些信心，對自己好一些。

- 你會時常無故情緒低落或感到肝腸寸斷嗎？記得，「感性」不等於情緒化。相反的，當你情緒化時，你是無法真正感受到自己內心感覺的。出去走走，做一些事情，或跟一些人接觸，會幫助你整理內心的感覺。

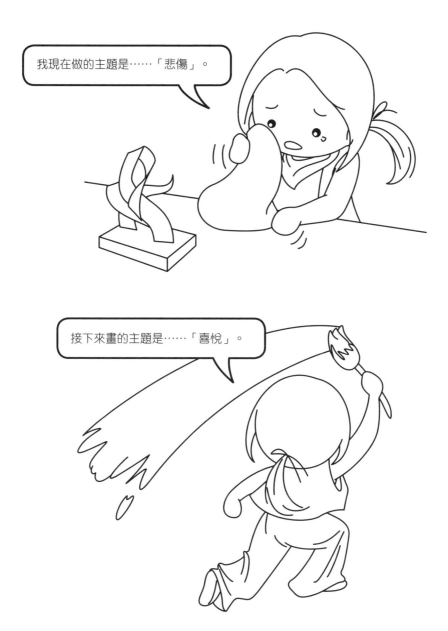

我現在做的主題是……「悲傷」。

接下來畫的主題是……「喜悅」。

▶ 能讓四型人更清楚自己感受的方式，就是將這些情緒表達出來，不要放在腦中或內心裡。當四型人能看到、聽到、感覺到自己表達出來的情緒時，他們會真正體驗到自己的獨特。

🗨 四型人的 Check List

如果一天之內，表格中的行為出現超過五次以上，需要注意一下，你自己或身邊的人可能已經在不知不覺中受到傷害；如果是四次以下，給自己一點鼓勵，並確認這些行為沒有影響到自己和他人的關係；如果完全沒有，你可能已經邁向健康的性格，但同時也可以檢視一下自己的主型性格，是否有所誤判。

檢視項目	完全沒有	1-4次	5次以上
藉由睡覺、幻想、酗酒或藥物來處理自己的負面情緒。			
認為自己無法過著規律正常的生活。			
等待「適當的心情」才能完成工作，因此而拖延了事情。			
與朋友談話時，專注在自己的感受，無法專心聆聽對方的表達。			
無法與身邊的朋友建立關係。			
專注在不愉快的事情上，出現悲觀、厭世的態度。			
埋怨他人無法瞭解自己，認為自己是可憐的。			
在團體中，因為害怕無法真正表達自己的意思，而放棄發言。			
嫉妒身邊的朋友，認為別人總是過得比自己更好。			
不自覺地出現憂傷難過的情緒。			

Part 5

五型人的新生活

❗ 五型人的成長與退化

五型人的成長與退化方向分別是八型和七型。五型人通常會與人保持距離，給人冷漠或呆板的印象。實際上，五型人只是不知道要如何表達自己的想法，也擔心自己的想法是否太愚蠢或無趣。

相對於七型人的廣泛學習，五型人重視深度和通透理解。五型人認為，只有完全的瞭解一門知識，才能夠有所貢獻。當五型人不害怕分享自己的想法、智慧，以及自己的感受時，他們會願意接觸外界事物；當五型人願意接觸外界事物時，他們會把想法變成行動；當五型人展現執行力時，他們不會害怕面對外在的挑戰，而能用知識幫助朋友、團體或社會改變。**這就像是八型人，能夠展現自己的力量，帶領人群成長。**

當五型往八型方向成長的特點：

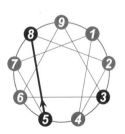

- 願意分享自己知道的事情，並應用在實際生活中。
- 相信自己的能力和直覺，有效地表現自己的知識和力量。
- 聆聽自己的內在情緒，並且願意表達自己的情緒。
- 告知別人自己的限度，並能適當地伸張自己的權益。

．完全地投入生活中，不侷限自己的學習方式和做事方式。

然而，五型人往往無法整理好自己腦中繁雜的想法，他們渴望擁有更多時間來閱讀、學習，因此開始減少與他人的接觸和互動。當五型人不與他人互動時，他們的言行舉止很容易令人誤解，認為他們冷漠、高傲。別人的反應會讓五型人更害怕與外界接觸，更希望多回到自己的內心世界裡。

五型人會發現，他們花越多的時間在自己的內心世界，越是努力整理腦中的思緒，思緒卻越是雜亂無章，這會帶給五型人極大的恐懼。一方面，他們無法面對外在的世界；另一方面，腦中的想法又將他們帶往無止盡的深淵。**在這種狀況下，五型人會做出很多極端刺激的事情，以此逃避腦中無法停歇的思緒，就像是不健康的七型人一樣。**

當五型往七型方向退化的特點：

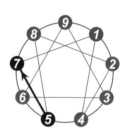

．急於嘗試腦中所有的想法，不顧及自己的體力或時間，徹夜不眠地思考或研究。

．無法專注思考，容易被突如其來的想法分散注意力。

．喜歡沉浸在忘我的經驗中，如飆車、酗酒、音樂等。

．呈現偏執的傾向，不能理性看待事物。

▶五型人會盡可能地避免任何帶有情緒的人。他們認為：「我沒有這樣的需要，你們應該也是一樣」。所以五型人喜歡能完全獨立工作的員工，獨立工作的員工會讓五型人有多一點的時間和空間工作。

❶ 給五型人的建議

職場 Tips

- 《中庸》中提到，完整的學習，要包括「博學、審問、慎思、明辨、篤行」五層功夫。每隔一段時間，把你的想法和建議表達給同事知道，這會幫助你的知識更上一層樓。

- 幾乎所有的工作都需要團體合作，試著找一個重效率、有執行力的夥伴，幫助你把腦中的想法變成實際的成果。

- 明確地表達自己的需要。告訴你的主管和同事，你需要多少時間或空間，並說出你腦中的計畫，不要讓計畫無故地消失。

- 主動積極的參與討論，讓你的同事知道你願意成為團體的一份子。

- 不是每個人都像你一樣聰明，能精確且快速的思考很多事情。學習解釋你思考的邏輯和過程。

親密關係 Tips

- 知識不只是在書本當中，學習也不是只靠閱讀；花時間和對方散散步或做些運動，不但能夠促進雙方關係，還可能有出乎意料的收穫。

- 如果對方提出的想法或要求，會讓你感到擔心，害怕自己無法做到或被佔用太多時間，直接告訴對方你的感覺，這會建立一個正面的溝通橋樑。

- 親密關係需要你完全的投入，才能維持雙方關係。學習多分享一些時間

給對方，特別是分享你內心的感覺。

· 在親密關係中可以維持適當的隱私，但不要讓對方感到你是神祕、無法瞭解的。過度的神祕感會讓對方感到挫折，也容易傷害雙方關係。

· 學習聆聽。五型人很容易在聽對方講話時，腦中同時思考著要回答的話語，這會讓你有先入為主的觀念。專注地聆聽除了能讓你聽到對方要表達的意思，也會聽到你自己內心的聲音。

就這樣過一天～
這真是我有史以來最棒的約會了！

▶ 即使是在約會中，五型人仍時常無法忘懷他們想要學習的知識。對五型人而言，約會有可能代表著他們必須犧牲一部分自己的時間。

日常生活 Tips

- 你是否時常感覺別人在浪費你的時間和體力？不要過度吝嗇你的時間和體力，記得：「當人在分享時，他們同時也在滋養自己。」

- 沉默時常變成五型人的武器，讓五型人不需要正面處理不喜歡的狀況。請注意自己是否時常用沉默對待身邊的朋友？

- 注意你的生活環境和飲食狀況。五型人很容易沈溺在自己的研究中，而忽略了基本的生理需求。給自己一個舒適的房間、維持健康的飲食，將幫助你擁有足夠的體力工作。

- 你有正常的社交生活嗎？給予自己一個合理的要求，比如每週至少跟一至兩個不同領域的朋友見面聊天，適當的社交生活能幫助五型人不斷接觸外界。

- 當你擔心、害怕、生氣、高興時，你是否能讓身邊的朋友知道？學習直接表達情緒。

- 注意自己腦中的對話，通常五型人的腦中會有無數的對話。觀察自己的對話，不要給予意見或想法，看看這些思緒會帶你到哪裡。

▶ 五型人認為，要有足夠的生存能力，就必須擁有豐富的知識；要有豐富的知識，就必須不斷的學習和閱讀。然而，一天只有二十四小時，多一分鐘的活動，就少一分鐘的學習。因此五型人會盡可能的減少與外界接觸。這會使五型人離其他人事物越來越遠，也讓他們越來越難展現自己的力量。

▶ 讓五型人體驗到力量的方式，就是完全的投入生活。當五型人走出自己的內在世界時，他們會真正體驗到知識能帶給人的幫助，以及自己對社會的貢獻。

! 五型人的 Check List

　　如果一天之內，表格中的行為出現超過五次以上，需要注意一下，你自己或身邊的人可能已經在不知不覺中受到傷害；如果是四次以下，給自己一點鼓勵，並確認這些行為沒有影響到自己和他人的關係；如果完全沒有，你可能已經邁向健康的性格，但同時也可以檢視一下自己的主型性格，是否有所誤判。

檢視項目	完全沒有	1-4次	5次以上
無法表達內心的感受和感覺。			
輕視身邊你認為不如你聰明的人。			
試圖透過藥物或酒精抒緩緊張的情緒。			
只想獨自完成工作，不願意與他人合作。			
腦中思緒不斷，無法讓自己放鬆片刻。			
看到太多的可能性，不知道該如何選擇。			
不願意與同事或同學做簡單的交流和問候。			
感覺身邊缺乏值得信任的好友。			
遇到衝突時，立刻抽離自己，或逃離現場。			
感覺身邊的朋友開始避開自己，甚至與自己作對。			

Part 6

六型人的新生活

❗ 六型人的成長與退化

六型人的成長與退化方向分別是九型和三型。在生活上，六型人特別在意安全感，當六型人不將專注力放在外在權威，轉而注意自己的內在力量時，他們會開始卸下心防，聆聽自己內在的聲音，且體驗到安全的感覺；當六型人能靜下心傾聽自己的內在聲音時，他們會找到自己堅持的方向。

「人因為清楚所以無懼」，成熟的六型人會找到自己的內在力量。他們會意識到，**真正的安全感來自於相信自己。成熟的六型人不會因為害怕而反應，而是勇敢的堅持自己的方向，這就像是高度自我瞭解的九型人，不但有行動力，也有協調力。**「無懼」幫助六型人勇於行動、勇於開放、勇於信任。

當六型往九型方向成長的特點：

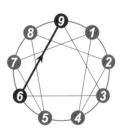

- 用認真且輕鬆的態度看待自己的生活，享受內心的平靜。

- 相信自己的內在指引，並能做出適時的決策。

- 能夠聆聽別人的意見和想法，用更寬廣的心態看待所有事情。

- 富有行動力，並願意帶領團隊前進。

六型人往往花費大量的時間和精力，編織他的安全防護網。他們希望藉由這個安全網幫助自己面對生活中的衝突或困難。然而，六型人越是依賴外在事物保障自己的安全，就越是無法安心，因為六型人的內心認為「靠山山會倒，靠人人會跑」。**當六型人長期處於這樣的壓力下，他們會變得比較偏激，像是不健康的三型人，設法隱藏自己的實際狀態和想法，透過模仿、學習和自我吹噓，得到他人的認同。**

當六型往三型方向退化的特點：

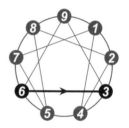

- 害怕失敗，不願意嘗試新事物。

- 過度投入工作，利用忙碌的生活，麻痺內心的焦慮感。

- 模仿別人的外表、說話方式、做事態度等，努力迎合他人，以維持夥伴們的認同。

- 強迫推銷自己學到的信念或態度，認為這些信念和態度是唯一的真理。

- 誇大自己的學經歷，掩飾內心的自卑感。

❗ 給六型人的建議

職場 Tips

- 凡事謀定後動是對的，但必定要「動」，才能驗證「謀」的好壞；困難是成長的必經之路，所以先上路吧！

- 指出過失會幫助對方成長，而鼓勵會讓對方願意成長，學習多給同事讚美和肯定。

什麼！船艙漏水？

Ａ 你去通知救難隊、
Ｂ 你帶領一組人處理滲水問題、
Ｃ 你跟機電組持續檢查所有機械狀況⋯⋯
有任何狀況馬上跟我回報！

▶ 當六型人處於急迫的狀況時，反而會看到他們的決斷力和有效率的工作能力。因為在緊急情況下，六型人沒有時間擔心和思索各種狀況，會更直接的處理問題。

- 古話說：「疑人不用，用人不疑」，信任和交付是六型人在工作上需要牢記的事情。

- 好的機會是不等人的，給自己多一點信心，相信自己的決定。

- 如果你的內心有所擔心或憂慮，將這些擔心具體的寫出來，並與同事或主管討論，聽聽其他人的想法。

親密關係 Tips

- 當你處於壓力下時，記得告訴對方你所擔心的事情和狀況，讓你的伴侶陪伴你，一起面對困難和壓力。

- 當你不肯定對方的想法和感受時，直接請他們表達，不要自己想像，這只會讓你越來越焦慮。

- 即使你很肯定對方跟你有一樣的想法或感受，仍可以詢問一下對方，讓他們表達自己的想法和感受，如此可以減低雙方的誤會。

- 生活中總會有難以抉擇的狀況，比如在同一天，老闆希望你加班、太太希望你回家吃飯、自己又想要去運動。冷靜下來，問自己想要什麼；記得，你擁有自主權，但也需要「面對結果的勇氣」。

- 每一個人面對問題的方式都不同，不是每個人都喜歡凡事先未雨綢繆。學習提供你的想法，同時也欣賞不同面對問題的態度。

- 用幽默的態度和輕鬆的心情看待生活中的意外，這會幫助你增進和對方的關係。

▶ 要讓六型人放下腦中負面的想法，是不太容易的。如果僅僅不斷地描述各種正面的可能性，會讓六型人感覺你思考不夠縝密。最好能同時表達正面和負面的可能性，並且讓六型人知道你會在他身旁支持他。

日常生活 Tips

· 問一下自己，什麼樣的狀況或條件，會讓你有足夠的安全感，不再憂慮？

· 注意生活中的表達方式，是否會不自覺的否定別人的想法，比如：「我覺得你的意見不錯，但是你好像沒有考慮到 A、B……」，試著講：「我覺得你的意見不錯，如果再把 A、B 等問題也考慮到，就沒問題了。」

· 每當要作決定的時候，你是否會反覆思索而猶豫不決？練習從小事上做決定，由小事到大事，會慢慢建立自己的信心。

- 正面思考是六型人需要不斷學習和練習的，每天花兩分鐘告訴自己：「這件事情是可以順利發展的！」

- 你是否會因為害怕犯錯或擔心思考不夠周延，而造成其他人的困擾？提醒自己，錯誤和問題都是生活中的一部分，當我們有勇氣面對，就會找到解決的方式。

- 你腦中是否無時無刻都有無數的對話，不斷的思索各種問題和解決之道？繁雜的思緒會帶給你焦慮和不安，每天試著花五分鐘深呼吸，將專注力放在呼吸上，會幫助你放鬆，以及找回安定感。

▶ 六型人在生活中就像是一個狩獵的人，冷靜地注意身邊所有事物的一舉一動；然而，過多的外在訊息會讓他們應接不暇，他們越是努力讓自己冷靜，腦中的思緒越是繁雜的出現。

有問題也沒關係,我一定能很好的面對。

▶ 能讓六型人找回心中寧靜的方式,就是放鬆和減緩雜亂的思緒。當六型人減緩內在對話時,他們會發現,自己擁有面對生活困境的一切智慧。

🔔 六型人的 Check List

　　如果一天之內，表格中的行為出現超過五次以上，需要注意一下，你自己或身邊的人可能已經在不知不覺中受到傷害；如果是四次以下，給自己一點鼓勵，並確認這些行為沒有影響到自己和他人的關係；如果完全沒有，你可能已經邁向健康的性格，但同時也可以檢視一下自己的主型性格，是否有所誤判。

檢視項目	完全沒有	1-4次	5次以上
即使休息時，腦中仍不停地分析身邊的各種事情。			
依賴權威人士給予指引，告訴自己：「我只是聽命行事。」			
處理事情時，專注在負面的事物上面。			
感到非常的焦慮，希望透過酒精或藥物來控制。			
遇到爭執時，無法清楚地表達自己的想法。			
每當自己需要做決定時，會感到猶豫不決且焦慮。			
無法相信身邊的人，認為別人總是心懷不軌。			
對自己的表現感到很灰心，認為自己不值得信賴。			
面對壓力時，變得莽撞急躁，不顧後果。			
認為自己和他人的想法及擔心的事情都是一樣的。			

七型人的新生活

❗ 七型人的成長與退化

七型人的成長與退化方向分別是五型和一型。大多數七型人給人的感覺是十八般武藝樣樣「都懂」，至於是否精通呢？那就難說了。

學習上，七型人在意的是廣度，而非深度。當七型人有足夠的愉悅感或滿足感時，他們會開始注意到「專注」的重要；**當他們能夠專注時，就會開始體會到專注的喜悅。**這就像是五型人，他們在研究或學習一樣事物時，是非常專注的，也因此**常常成為某一方面的專家。**「專注」能幫助七型人更有效率，也會幫助他們更熱愛他們所擁有的。

當七型往五型方向成長的特點：

- 變得比較沉穩、內斂。
- 對於生活中的喜樂、痛苦、悲傷都會欣然接受，並能感受當中的美好。
- 更重視學習的深度，會花更多的時間和精力去研究他們感興趣的事物，成為名副其實的專家。
- 知道自己身體的限度，做適當的休息，不會過度消耗自己的體力。
- 用更認真、嚴肅的態度，面對生活中的人、事、物。

相反的，當七型人長期無法滿足他們渴望的愉悅，尤其是處於繁重壓力下，我們所認識的歡樂製造機會消失，取而代之的是愛批評的七型人。他們會變得容易抱怨，尤其是對身邊較親近、熟悉的朋友。

當七型人處於失望狀態時，他們必須要找出原因、找到一個人承擔這個令人沮喪的結果。**這就像是一型人，他們非常容易看到事物不完美的地方，並且會不由自主的糾正他人，也給人一種糾察隊的印象。愛批評的七型人很容易嚇到身邊的人，讓朋友對他們敬而遠之，也會讓七型人陷入更難過的情緒中。**

當七型往一型方向退化的特點：

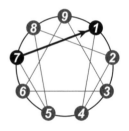

- 責怪別人的某些行為或決定，影響了他們原本有趣的計畫。
- 思考上會顯得黑白分明，認為只有自己知道的才是「真理」。
- 對於某件事情或想法異常的狂熱，有非做不可的偏執，變得不可理喻。
- 變得吹毛求疵或憤世嫉俗，想要說服別人改變。
- 當別人不支持他們的想法時，容易暴躁不安、剛愎自用。

🗨 給七型人的建議

職場 Tips

- 不是每個人的思考速度都跟你一樣快，你的跳躍性思考可能會讓人摸不著頭緒。

> 七型人的信念是：「想要做的事情，就要設法做到。」雖然這個觀念看似合理且積極，但他們想要做的事通常永無止境。例如在去餐廳之前，就已經想好要點的餐點；用餐時在想吃完飯的活動；參與活動時，已經在考慮之後的計畫……，這會讓七型人無法完全地享受每件事情，也讓旁人感覺他們過於自我中心。

- 新的想法、創意是重要的，但完成手邊的事情也是相等重要。

- 當一個計畫遇到阻礙時，享受一下解決問題的快樂，不要馬上找替代方案。

- 找一個令你愉快的工作場所或從事你喜歡的工作內容。

- 別人反應比較慢不代表不欣賞你的想法，只是他們可能想要照自己的步調和方式來處理。

親密關係 Tips

- 記得要關心一下對方的感覺和想法，七型人常常不自覺以自我為中心，沒有聆聽對方的感覺，或給對方時間去表達意見。

- 兩個人的活動節目表上可以留一些空白，不一定要時時刻刻都是驚喜，可以享受一下安靜相處的快樂。

- 學習做一位好的聆聽者。七型人很習慣一心多用，時常沒有仔細聽完對方想要表達的意思。

- 專一不代表拘束，與一個你所愛的人長期交往，可以支持你有更大的動力享受這多采多姿的生命。

- 注意是否花太多的時間在外活動，而忽略了兩個人的相處。檢視自己每週花多少時間跟另一半相處。針對相處時間，找到一個雙方都可以接受的範圍，將能避免摩擦。

▶ 七型人的內心隱藏著一句話：「一定有一件更有趣的事情在等著我。」因此他們時常不自覺的一心多用，一隻耳朵在聽對方講話，另外一隻耳朵卻在聽另一桌的聊天內容，腦子裡可能還想著其他計畫。

日常生活 Tips

- 觀察一下，你計畫的事情是不是遠遠超過實際完成的事情？學習體會完成一項工作的喜悅。這份喜悅，絕對不會少於新事物的新鮮感。

- 你是不是常常在尋找捷徑，或思考更省時的方式完成工作？試試看用平常的方式，你會在過程中有意外的收穫。

- 你是否常常為了滿足口腹之慾或當下的快感，而選擇犧牲健康或擁有的幸福？學習告訴自己：「我現在已經滿足了。」延遲而來的快樂，會帶給你更多的選擇機會。

- 有沒有給自己一個規律的生活？定時的運動，例如一週做三次瑜伽，會是一個很好的開始。

- 當你情緒低落或難過時，是否會很快的找到其他事情轉移注意力？學習跟負面情緒相處，這是幫你走向光明的途徑。

- 在你的腦中，無時無刻都有無數的對話嗎？尤其是當你感到無聊或是焦慮的時候。試試看花十五分鐘靜坐或是做靜態的瑜伽，這會幫助你放鬆，也會讓頭腦更清晰。

再吃一個、再吃一個！
味道嗎？！……嗯……好像……

▶ 七型人的生活時常就像是心急的小朋友。當他們看到眼前五彩繽紛的蛋糕和糖果，會忍不住把食物都塞進嘴裡。滿嘴的食物，使他們分不清食物的美味，但這讓他們更焦慮，急著吃進更多食物，想要滿足他們的味蕾。

原來是藍莓起司口味的，真好吃！

▶ 能讓七型人重新拾回美好生活的方式，就是放慢腳步。當七型人安靜下來，慢慢品嚐生活中的一切時，他們會驚奇的發現，每一口都是令人滿足的味道。

七型人的 Check List

如果一天之內，表格中的行為出現超過五次以上，需要注意一下，你自己或身邊的人可能已經在不知不覺中受到傷害；如果是四次以下，給自己一點鼓勵，並確認這些行為沒有影響到自己和他人的關係；如果完全沒有，你可能已經邁向健康的性格，但同時也可以檢視一下自己的主型性格，是否有所誤判。

檢視項目	完全沒有	1-4次	5次以上
因為同事反應較慢，或解釋過於冗長而感到不耐煩。			
因為事情與我期待的不同，而怪罪他人的做事方式或態度。			
遇到問題時，沒有嘗試解決問題，只想找其他替代方案。			
一心多用，無法專注在單一事情上面。			
抱怨身邊的事物太無聊，想要找新的事情嘗試。			
藉由購物、吃飯、參加活動，來減少內心的焦慮。			
沒聽完對方要表達的事情前，就打斷對方的話，急著表達自己的想法。			
對於說出的話、做的決定或買的東西感到後悔。			
出現「下一個（次）會更好」的念頭。			
晚上休息時，總有一種快要虛脫的感覺。			

Part 8

八型人的新生活

❗ 八型人的成長與退化

八型人的成長與退化方向分別是二型和五型。八型人給人霸氣十足的印象，對八型人來說，表現出堅韌不拔、勇者不懼的樣子，是保護自己的不二法門。

生活中，八型人常常想要掌控外在環境、他人，甚至自己，藉此證明自己的力量。當八型人成熟時，他們會瞭解一個人最大的勇氣，就是接納自己的全部，包括軟弱和害怕。**當八型人能夠放下武裝，開放自己的心防時，他們會願意表達自己對朋友的愛，以及接納朋友對他們的關心，這時會像是二型人，願意貢獻自己的力量，照顧與關懷周圍的人。**成長後的八型人，尊重每一個人，也欣賞身邊的一切，會更受別人的尊敬，成為更偉大的領導者。

當八型往二型方向成長的特點：

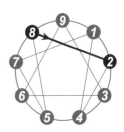

· 能夠體諒他人的需要，並且能適當的表達關懷。

· 願意與別人分享真實的自己，接受並承認自己的害怕與軟弱。

· 善用自己豐富且強大的能力與力量，為他人和社會有所貢獻。

· 能循正常的管道抒發怒氣，不會遷怒於他人。

· 愛護自己的身體，不過分操勞，在努力工作之餘，能適當的休息和補充營養。

不可以欺侮小動物！
我們要愛護牠們。

▶ 成長的八型人，不會害怕自己被他人控制。他們能轉化自己的力量，運用他們的影響力，以及分享他們的資源，幫助身邊的朋友或團體。

　　然而，八型人堅強的意志力和不服輸的性格，常會與別人產生衝突，進而帶給自己許多不必要的麻煩和困擾；另一方面，八型人在面對衝突時，也會不斷要求自己超越極限，強迫自己更勇敢、更有鬥志。兩者因果關係下，會讓八型人越來越深信自己的想法——我必須武裝自己，讓自己更強壯，才能保護自己。

　　當生活中的問題與壓力超過八型人所能負荷時，他們會設法躲開現實生活中的問題，並且儲備資源和力量，以及思考對策，重新拿回控制權。**然而，脫離人群的八型人，會不自覺地陷入虛無的恐怖想法中，這讓他們看不到希望，也讓他們越來越難回到人群中，就像是不健康的五型人。**

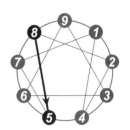

當八型往五型方向退化的特點：

· 逃避現實生活中的挑戰，降低行動力、減低個人物質需求，傾向自己獨處。

· 擔心身邊的人會背叛他們，時時保持高度的防衛狀態。

· 不願意面對自己的感覺，利用蠻橫暴力的方式，隱藏自己的恐懼與軟弱。

· 行動前需要更多的個人時間和私隱空間，找尋資源和思考對策，重新找回優勢地位。

· 意志消沈，時常感到失落或沮喪。

 給八型人的建議

職場 Tips

· 避免無意中侵犯到他人，多使用問句，如：「我能不能給你一些意見？」、「我想要先完成這項工作，可以嗎？」

· 遇到不同意見時，學習跟上司、同事或下屬溝通妥協，避免過度自作主張；同時要注意自己說話的音量和語氣，是否會不小心嚇到其他人。

· 找一份能夠傾注全部能量的工作，當八型人能完全發揮自己的能量時，會更願意與人合作。

· 避免攻擊別人的弱點，學習善用他人的長處。適當的賦能授權，會讓你的團隊更壯大，這也是發揮八型人的優勢。

· 找一位令人尊敬且信任的主管或同事，提醒自己保持幽默感和微笑。

親密關係 Tips

- 記得在親密關係上沒有敵、友、強、弱之分，給予對方包容和接納，才能真正展現八型人強者的風範，這也會幫助八型人回到最初的渴望：被愛的感覺。

- 學習觀察與控制自己憤怒的情緒。當八型人非常生氣時，試著中斷當下的話題，暫停思考這個問題。給自己二十分鐘，散步或做運動之後，重新思考要如何表達自己的想法。

- 吵架也許是一種親密的溝通方式，但有時用溫柔、柔軟的方式表達自己的情緒，會幫助對方願意講出內心真實的感覺。這不代表八型的你是軟弱的，而是表示你更成熟，更懂得尊重對方。

- 注意自己是否時常用否定的方式說話，即使同意某些想法時，仍會說：「的確如此，但是……」、「雖然明白，可是……」。學習用正面的方式表達，說：「我認為這是可行的」、「我明白你要的」，這會拉近雙方的關係。

- 注意自己是否花了大部分的時間和精力在外打拚、奮鬥，忽略了最重要的事情：關心對方。

日常生活 Tips

- 觀察一下，你是否不自覺地花了很多精力處理憤怒的情緒？當下一次出現憤怒時，試著感覺身體的反應，問問自己是否喜歡這樣的感覺，學習接受和放鬆，這會幫助你累積更多的能量。

▶ 很多時候八型人的生活就像是一個戰場，他們感覺自己不停的在戰鬥，一刻也不能鬆懈。因此，
如果能營造一個舒服且安全的環境，會幫助八型人放鬆，並讓他們有機會表達自己的不舒服或
軟弱。記得，八型人也需要被聆聽和關心。

- 你是否感覺有過剩的精力無法發揮？每週花三十至六十分鐘做喜歡的運動，如跑步、打球、跳舞、瑜伽等。運動會幫助你更清楚自己身體裡的能量，並且給予機會釋放出來。

- 是否常常告訴自己：「我必須要更努力的工作或學習，才能保護現有的一切？」花一些時間看看身邊最重要的人、事、物，思考一下哪些東西是必須更努力工作才能保有的。

- 你是否感覺生活就像一個戰場，時時都要準備戰鬥？學習選擇值得奮鬥的戰役。《孫子》言：「百戰百勝，非善之善者也，不戰而屈人之兵，善之善者也。」在你攻擊對方前，先問自己是否願意接受可能的後果。

- 是否因為好勝心或自尊心，造成健康和財務的問題？學習接納自己的限度，是成長的開始。

▶ 當八型人能用溫柔的心看待自己的傷口，願意同時呈現自己堅強與脆弱的一面時，他們會邁向成長之路，並且找到生命真實的力量。

八型人的 Check List

　　如果一天之內，表格中的行為出現超過五次以上，需要注意一下，你自己或身邊的人可能已經在不知不覺中受到傷害；如果是四次以下，給自己一點鼓勵，並確認這些行為沒有影響到自己和他人的關係；如果完全沒有，你可能已經邁向健康的性格，但同時也可以檢視一下自己的主型性格，是否有所誤判。

檢視項目	完全沒有	1-4次	5次以上
向身邊的朋友、同事、家人發脾氣。			
對於自己做出的行為，或說出的話傷害到朋友，而感到後悔。			
內心出現「我必須更加強勢，才能讓對方按照我的方式做事」。			
藉由過量的運動、消費或飲食來滿足自己。			
身邊的朋友抱怨自己太過霸道。			
開會時，否定對方的意見，不讓對方發言。			
感到壓力很大，無法放鬆。			
周圍的人反對自己的意見或想法。			
想要掌控對方的行為、態度和思考方式。			
不在意他人的想法，只想要打破現有的規範。			

Part 9

九型人的新生活

❗ 九型人的成長與退化

　　九型人的成長與退化方向分別是三型和六型。大多時候，九型人都給人溫文儒雅、不太有主見的印象。然而，這不代表九型人沒有自己的意見，只是因為九型人擔心，表現出自己的情緒和表達自己的想法，會破壞現有的和諧。

　　生活中，九型人花很多的力氣和時間處理別人的不滿，以及自己的內在衝突，以至於忽略了自己原本的任務。當九型人足夠成熟時，他們會意識到真正的和諧不是表面上的和平，而是磨和後的和諧；九型人會瞭解到，只有當他們願意走出自己安穩的世界，才能與人建立真正的關係；**九型人會體驗到，只有積極地與人建立真正的關係，才能經驗心目中的和諧和完整，就像健康的三型人一樣。**

當九型往三型方向成長的特點：

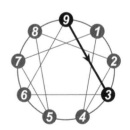

- ・積極投入生活，設定可行的目標，並且有效率地完成。
- ・重視自己內在的渴望，不但大膽做夢，也敢大膽說出自己的夢想。
- ・尊重團體的意見，但在聆聽大家的想法後，能幫助大家找到一個可行的方案，並付諸實踐。
- ・接受改變，也願意嘗試各種不熟悉的事物。
- ・能夠將生活中的事情分輕重緩急，適時與人表達自己的困難。

　　然而，生活中有太多不和諧的關係，以及分離破碎的狀況，這都會讓九型人感到無法承受，也會讓九型人選擇躲回自己的和平世界裡。當九型人回到自己安全的世界時，他們會安慰自己：「不用擔心，凡事不用強求，一切都會變好的。」**他們會放慢行動、避免競爭、減少個人想法，像是不健康的六型人。**

　　當九型人處在這種狀態下時，他們會不自覺地用消極態度來抵抗外界事物──「我不影響他人，但別人也別想影響我。」這會讓九型人周圍的朋友感到挫折，因為他們無法瞭解九型人真正的想法，也無法讓九型人做任何的改變。漸漸的，九型人的人際關係會產生裂痕，生活也開始產生問題，而九型人所擔心的事情也會成真──生活中的人事物會不和諧、不完整。

當九型往六型方向退化的特點：

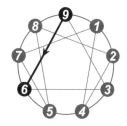

- 不斷地詢問別人意見，希望跟從別人的腳步，自己不需要做任何重要決定。
- 極度焦慮，擔心自己的行為，也顧慮他人的想法，希望依賴他人幫助他們處理所有事情。
- 一旦做了任何的決定，則固執己見、不願妥協。

❗ 給九型人的建議

職場 Tips

- 賦權（Empowerment）是很好的管理方式，但要記得，權力能夠賦予他

人，責任則不能；無論你給予他人再多的自主權，你仍是擁有所有責任的人。

· 當你保持沉默或不表達意見時，別人很容易誤以為你認同他們的想法，這有可能造成更大的衝突；要避免這樣的誤會產生，最好的方式就是主動表達自己的想法。

· 學習按時完成手上的工作，給自己設定明確的目標和計畫，並且要注意每一項工作的截止日期。

· 「勇於嘗試」是九型人要學習的功課，即使你不願意冒險，也不要阻止其他人嘗試，這會阻礙了工作的運行。

· 壞的衝突會破壞團隊和諧，但好的衝突能夠幫助團隊達到共識。認識衝突和接受衝突，能夠讓你有更好的協調能力！

▶ 一位九型的主管說：「決定不做決定也是一種決定！」九型人通常會設法避免做決定，他們希望等聽完所有人的意見後，再整合大家的意見，找到大家都滿意的方案。

親密關係 Tips

- 聆聽是有效溝通的要素之一，除了更加瞭解彼此，也能幫助彼此溝通；但如果不分享自己的感受，對方永遠無法瞭解你，也無法達成共識。

- 如果你對雙方的現狀感到不舒服，主動改變這個現狀，不要等待事情自然變好。

- 當對方問你的想法時，盡量減少回答中性的立場，如「嗯」、「都可以」、「沒意見」、「你想要的就是我要的」。如果真的沒有想法，試著說：「等我做好決定後再跟你說」，但要記得信守承諾！

- 如果你需要自己獨處，需要時間整理自己的想法或感受，直接告訴對方。不要讓自己做一個只有軀體，卻沒有靈魂的伴侶。

對不起～
那你能告訴我錯在哪裡嗎？

他到底有沒有聽懂
我說的話啊？

▶ 俗話說：「伸手不打笑臉人」，九型人時常會把笑容放在臉上，他們認為笑容可以化解許多不必要的衝突。但這也容易造成其他人的誤解，認為他們不夠認真看待不好的事物。

日常生活 Tips

- 「行動」是九型人時常要提醒自己的事情，但除了行動，更重要的是要知道自己該往哪裡去，知道目的地才能到達想要的地方。

- 生活中遇到麻煩的問題時，問問自己：「這是我必須承擔的問題嗎？」、「是否能讓他人處理自己的問題？」學習釐清自己的責任，也學習讓他人面對自己的問題。

- 問問自己有多久沒有聆聽內在的渴望了？每天花兩分鐘提醒自己：「我會努力追求自己要的夢想」。

- 你是否會為了避免他人的不滿，而放棄自己想要的東西？面對這樣的情況時，注意自己是否產生負面情緒，如生氣、憤怒。

- 注意生活中是否常常出現分神、發呆的狀況？當你意識到自己在神遊時，把注意力放在腳掌或手心上，感覺身體的重量和溫度。

- 學習接納自己和他人的負面情緒，是你生命中很重要的功課！

▶ 九型人在生活中時常是抱著志在參加的心態，就是人到了就好，即使心不在也沒關係。這讓九型人無法真正融入生活中，也無法真正與他人共融。

▶ 九型人體驗到「圓滿」的方式，就是完全投入生活的每一刻，無論是美好的、傷心的、興奮的或憤怒的。當九型人體驗到每一刻的經驗，他們會發現一直在追尋的「圓滿」就在身邊。

❶ 九型人的 Check List

　　如果一天之內，表格中的行為出現超過五次以上，需要注意一下，你自己或身邊的人可能已經在不知不覺中受到傷害；如果是四次以下，給自己一點鼓勵，並確認這些行為沒有影響到自己和他人的關係；如果完全沒有，你可能已經邁向健康的性格，但同時也可以檢視一下自己的主型性格，是否有所誤判。

檢視項目	完全沒有	1-4次	5次以上
出現五分鐘以上放空或做白日夢的情況。			
花了大部分的精力在協助他人，卻無法按時完成自己的工作。			
不表達自己的想法，避免破壞團體的和諧。			
利用工作、電視或藥物來麻痺自己的焦慮感。			
不願意正面處理人際間的衝突，或其他生活中麻煩的工作。			
否認自己的負面情緒，如生氣、恐懼、難過、悲傷等。			
對於生活沒有熱情和理想，認為一切順其自然就好了。			
身邊的人不斷地催促自己完成工作。			
不願意接受新的挑戰，只想做簡單、熟悉的工作。			
無法堅持自己的意見，遇到爭執時，馬上就選擇放棄。			

【寫給你】

給二十歲以下的你・給二十到五十歲的你・給五十歲以上的你

Let's begin!

　　許多朋友會質疑，「九型人格」侷限了人的發展，就好像把人限制在某一種性格型態當中。然而，事實是，很多人藉著九型人格合理化的侷限了自己和他人！有些人學完九型人格，會說：「我就是八型人，我就是那麼霸道！你自己看著辦吧！」、「因為我是五型人，所以我不懂得與人相處。」、「你一定是四型人，因為你總是那麼情緒化。」

　　九型人格真正要傳達給我們的事情是相反的。每個人都擁有九種型態的能力，只是當我們缺乏足夠的自我意識能力，便會侷限在性格模式當中，無法發揮出每種型態的能力。當我們越來越清楚自己所在的位置，便能更自由地展現自己的能力。**當我們能高度意識自我的行為和態度，發展出健康的人格時，九種性格型態便會消失。我們將發現九種性格型態，只是每個人擁有的習慣行為模式、思考模式，以及做事方式而已。**

　　這本書大多在描述每一種型態的行為，因為行為是我們能夠理解且觀察得到的

東西，但行為只是我們觀察的起點。**九型人格更要幫助我們瞭解每一個行為背後的動機。當我們瞭解對方的動機後，便能體驗對方看到的世界，也才能夠聽懂他們要表達的事情，以及瞭解他們的意思；當我們真正的瞭解他人，才能有效地與人溝通、合作、領導、陪伴。**

如果使用得當，九型人格可以幫助各年齡層的朋友。以下我將分三個階段說明：**二十歲以下、二十歲到五十歲，以及五十歲以上。**二十歲以下屬於學習階段，尚未與外在社會接觸太多；二十到五十歲通常是工作的黃金期，開始被外在社會影響；五十歲時，通常已經有穩定的生活，許多行為已經不太容易被外在影響。在不同的階段，需要注意的事項也不同。

❶ 給二十歲以下的朋友－

雖然我們認為性格在非常年幼的時期就已形成，但由於外在生活環境的限制與個人的自主性，性格型態可能還不是那麼明顯。較明顯的性格表現，大概在二十歲左右才會呈現出來，因此你們不需要急著找到一個肯定的型態。當然，如果你很確定自己屬於某一個型態，那也沒有問題，但不要過度將自己侷限在某個性格型態中，而是以「**瞭解不同行為表達模式**」的心態，來學習九型人格。

如果你能夠開始注意自己日常生活的行為和態度，這會對你的性格發展程度有很大的幫助。因此，**我建議你每天花五到十分鐘，觀察自己在生活中如何與同學、朋友、同事或家人相處；當你面對不同的人和不同的事情時，會如何反應？當你面對困難時，是否會困在某一個性格型態的思維和感受中？**

❶ 給二十到五十歲的朋友－

孔子說：「三十而立」，指他在三十歲完成了學習階段，並從學習的過程中，確立了自己的志向。從另一個角度而言，三十歲需要清楚自己的天賦，並善用自己的天賦，影響身邊的人，以及貢獻這個世界。

有人說，性格決定命運。從某個角度而言，這是有道理的，因為性格影響了人的行為和態度，也造就了人的處事方式。然而，我認為如果性格能夠決定命運，是因為**我們允許自己的性格決定我們的行為**，我們告訴自己：「我就是這樣的人，我別無其他選擇。」**當我們出現這樣的念頭時，表示我們將所有行動的自主權，交由性格決定，這也表示我們將自己侷限在某一種性格型態當中。**

我常說：「**學九型人格不是要改變性格，而是更深入地瞭解自己，意識自己性格的限制，並提高自己的性格健康程度。**」所以我鼓勵二十到五十歲的朋友們，善用九型人格的智慧，注意自己習慣的性格模式，並且學習發揮每種型態的力量。

❶ 給五十歲以上的朋友－

通常五十歲以上的長輩們會告訴我：「我已經太老了，已經不需要改變了，這個好東西就留給你們年輕人吧！」但我在學習九型人格的過程中，發現一件很有趣的事──幾乎三分之一以上的學員都是五十歲以上的朋友。許多人告訴我：「我一直到現在，才有時間停下來，也才發現到需要重新檢視自己的生命。」時間帶給一個人生命經驗，生命經驗帶給我們喜悅、生氣、悲傷、快樂。然而，我們時常被侷

限在某一種經驗中，停留在某一個時刻裡，而阻止了生命的流動。九型人格能夠幫助我們更看清楚自己的生命軌跡，並讓生命的泉源繼續流動。

　　另外，我也鼓勵五十歲以上的朋友們，生命經驗是您們最美的禮物，如果您們**能夠整理自己的生命經驗，分享給身邊的年輕朋友，讓他們瞭解您過去的行為與心態**，這將會是對家人、朋友和社會最大的貢獻。

【後記－陳思宏】

十年，是一個值得紀念的里程碑。很高興《我的第一本圖解九型人格》邁入第十年之際，字覺文化將這本書再次賦予新的生命。

「獨學而無友，則孤陋而寡聞。」

這十年中，最令我感恩的，莫過於認識一群共同學習成長的好友：Jacqueline Cheung、Stingo Chan、Eva Yu。並且於 2015 年開始，連續五年邀請我們的老師 Russ Hudson，來到台灣分享深度九型人格課程。我很肯定，沒有他們來到我的生命中，我一定無法堅持到現在。

我們因著課程而相聚，因著相聚而持續學習。九型人格是我們的共通語言，但彼此間的切磋交流卻從未少過。我們常彼此開玩笑，「學了二十年，到底學完了沒？」

我想，答案很清楚，自我探索從來不會結束。然而，因著彼此的支持，我們更肯定要繼續走下去的意願。

希望《我的第一本九型人格》能支持你開始自我觀察，持續發現那美好、衝突、可愛又煩心的自己。

國家圖書館出版品預行編目 (CIP) 資料

我的第一本九型人格 / 陳思宏著 . -- 初版 .
-- 桃園市：前進出版有限公司, 2021.01
　　面；　公分
ISBN 978-986-99382-1-1（平裝）

1.人格心理學　2.人格特質

173.75　　　　　　　　　　　109019677

ENNEAGRAM

《我的第一本圖解九型人格》(暢銷10年紀念版)+
《九型人格的99個基本》(超值雙書裝)

我的第一本
九型人格

書名 / 我的第一本九型人格
作者 / 陳思宏
繪圖 / 鄭琇文
總編輯 / 常祈天
封面設計 / 柯俊仰
內文排版 / 黃雅芬、鄭琇文
印製 / 金濳印刷事業有限公司

出版 / 字覺文化 | 前進出版有限公司
地址 / 桃園市龜山區文青路 163 號 10 樓之五
電話 /（03）397-8360

初版一刷 /2021 年 1 月
定價 / 新台幣 399 元 / 港幣 133 元（雙書裝）

台灣總經銷 / 易可數位行銷股份有限公司
地址 / 新北市新店區寶橋路 235 巷 6 弄 3 號 5 樓
電話 /（02）8911-0825

港澳總經銷 / 和平圖書有限公司
地址 / 香港柴灣嘉業街 12 號百樂門大廈 17 樓
電話 /（852）2804-6687
傳真 /（852）2804-6409